一緒にいてラクな人、疲れる人

人と会うのが楽しみになる心理学

古宮 昇

PHP文庫

○本表紙図柄＝ロゼッタ・ストーン（大英博物館蔵）
○本表紙デザイン＋紋章＝上田晃郷

はじめに

「一緒にいてラクな人」は好感度No.1

人生で楽しく幸せだったころのことを思い出してみてください。

そのとき、きっと良い人間関係があったはずです。恋人ができた、友だちに恵まれた、家族の仲が良かった……など。

反対に、特につらかったとか苦しかったとき……。

そこには悪い人間関係がかかわっていたはずです。いじめられていた、恋人や配偶者と不和だった、家族関係が悪かった、孤独だった、上司からつらく当たられた……など。

幸せな人生になるか不幸せな人生になるか、それを左右するもっとも重要なカギは人間関係なのです。

「じゃあ、どんな人が好かれるんだろう？」

わたしの教え子がそれを知りたくて、たくさんの人たちに「あなたはどんな人に好感を持ちますか？」と尋ねるアンケート調査を行ないました。

すると、「話の面白い人」「聴き上手な人」などたくさんの意見の中で、第一位は「一緒にいてラクな人」でした。

人間関係に恵まれて楽しく幸せに生きるためにもっとも大切なことは、「一緒にいてラクな人」になるということなんです。

あなたは「一緒にいると疲れる人」と思われていませんか？

ところが、「あの人と一緒にいると疲れる」。

そんな人っていますよね。あなたはそう思われていませんか？　一緒にいて疲れる人が、人間関係に恵まれるはずがありません。

では、「一緒にいてラクな人」と「疲れる人」は何が違うのでしょう？

そしてどうすれば、「ラクな人」になれるのでしょうか？

それをお伝えするのが本書です。

とっても効果の高い方法です。ズバリ、実践してもらえれば、あなたは今よりずっと人から好かれ、人間関係が楽しくなります。

こんな人は読まないでください

でも、効果的な方法だからこそ、読まないほうがいい人がいます。

それは、他人のこころを操って自分の思い通りにしようとする人。自分のためなら他人に迷惑をかけてもいい、と思う人。

あなたがそういう人なら今すぐ本棚に返してください。

この本は、自分も人も、ともに楽しく幸せになれる人間関係を築きたい、と願う人のための本です。

あなたはそういう人ですか？


こころの中で「はい」と答えましたか？

まだ読んでますか？

そうでしたら、あなたは、わたしが人間関係の秘密をお伝えしたい、まさにそういう人。

分かりました。わたしも覚悟を決めてお教えしましょう。失敗もつらい過去も含めて。

わたしは「一緒にいてラクな人」ではありませんでした

わたしは、心理学博士であり、心理カウンセラーとして日米で二十年以上にわたって、のべ五〇〇〇人以上の方々のこころの援助をしてきました。米国の病院の精神科、心療内科医院、そして日米の大学カウンセリング・ルームなどでの勤務を経て、今は個人開業のカウンセリング・ルームで心理カウンセリングをしています。

また、プロ・カウンセラーのトレーニングを行なうとともに、大学院で臨床心理士の養成もしています。

ところが、ここであなたに告白しなければいけないことがあります。

実は、かつてのわたしはカウンセラーであるにもかかわらず、「一緒にいてラクな人」ではありませんでした。

意外だったでしょうか。

わたし自身が人間関係の乏しい人間だったこととわたしのつらい過去については、本書で詳しくお話ししますが、ここでも少し触れておきます。

人にこころを開くのが苦手だったわたし

「ぼくって不幸な子どもだ」

わたしは小学生のとき、そう思って一人で泣いていたことを覚えています。母は不安とイライラが強く情緒不安定な人で、母子心中で殺されてもおかしくない状況で育ちました。

両親はけんかを繰り返し、ついに離別します。幼い妹とわたしは母親に引き取られました。わたしはかんしゃく持ちの母親と一緒に暮らし、いつもビクビク・オドオドしていました。そうして萎縮《いしゅく》して育ち、気の弱かったわたしは、学校でいじめられました。

今振り返ってみると、わたしは人への不信感の強い人間でした。もっとも、その不信感を隠し、表面的には人と仲良くしていましたが。

でも、こころにへばりついている不信感により、人にこころを開くことはあまりできませんでした。人と、お互いを深く分かり合える会話はなかなかできず、ぎこちない雰囲気の会話になることもよくありました。他の人からすると、そんなわたしと一緒にいてラクなはずはありません。

そんなわたしも、さまざまなきっかけで少しずつ変わっていきました。

その一つが、こころのカウンセリング（心理療法）を受けてきた経験です。本書ではそのことについても詳しくお伝えします。

具体的に実践できる方法が学べます

本書では、あなたがもっと「一緒にいてラクな人」になる方法を、具体的に学ぶことができます。

もちろん、初めからうまくできる人なんていません。でも、わたしがお伝えする方法を一つひとつ実践するにつれ、あなたはどんどん「一緒にいてラクな人」になり、人からもっと好かれます。楽しいときは仲良しの人と過ごすので喜びが

本書を読む前

本書を読むと……

人からもっと好かれ、人間関係が楽しくなる！
自分も周りも幸せな人生を送れるようになる！

二倍になり、つらいときは誰かに支えてもらえるから、苦しみが半分になります。

周りの人だって、あなたがいるおかげでより幸せになります。そしてあなたの人生に、楽しさと喜びがもっと増えます。

さあ、楽しいその旅に一緒に踏み出しましょう！

古宮《こみや》 昇《のぼる》

一緒にいてラクな人、疲れる人　目次

第1章 基本編

「ラクな人」と「疲れる人」の8つの決定的な違い

第2章

実践編①

「一緒にいてラクな人」になれる10の方法

第3章

実践編②

相手が話したくなる「聴き方」、相手が話す気を失くす「聴き方」

——傾聴のスキルを身につける

第4章

特別編

それでも「ラクな人」になれなかったら
――隠れた「こころの痛み」の癒し方

※本書に登場する人物名はすべて仮名です。

第1章

基本編

「ラクな人」と「疲れる人」の8つの決定的な違い

違い❶

✕ 疲れる人は 相手から与えてもらおうとする
○ ラクな人は 相手に進んで与えようとする

「ぼく、人見知りなので……」

春は、出会いと別れの季節。

大学を卒業し、初出社を果たした信次さんは、この日、歓迎会に参加することとなりました。

今年の新入社員は、信次さんを含めて二〇名。新たな仲間たちを迎えるため、各部署の社員が勢ぞろいした歓迎会は、広い座敷のある居酒屋で開かれました。

そして全員に飲み物が配られ、乾杯が終わると、いよいよ新入社員たちの自己紹介です。

信次さんは、緊張しています。口の中はカラカラ、視線はキョロキョロ……。

ついに信次さんの順番が来ました。下を向いたままゆっくり立ち上がった彼は、自分のことをこのように紹介したのです。

「えっと、あの……中村信次と言います。ぼく、人見知りなので……自分からは声をかけられないんですけど、よかったら声をかけてください。よろしくお願いします」

いかにも自信がなさそうな信次さんの自己紹介は、最初から最後まで下を向きっぱなし。

声も小さく、向こう側のテーブルに座っている人には、聞こえていないかもしれません。

でも、自己紹介の場面で、信次さんのような人って少なくないですよね。

そのような人は、周りの人から「一緒にいたい」とか、「一緒にいてラク」だとは、なかなか思われないんです。なぜでしょう？

なぜならこういう人は**「わたしからあなたに与えることは拒否します。わたしに一方的に与えてください」**と言っているのと同じだからです。自分から人に

「声をかけること」「関心を向けること」は拒否し、人から一方的にそうしてもらうことを求めているのです。

もちろん、信次さんに悪気はありません。でも、いつも受け身でいる人は、人からもらおうとしてばかりいるため、相手は「奪われたくない」と無意識に察し、こころを閉ざしてしまいます。だから、信次さんのように「与えてもらうこと」を優先してしまう人は、周りの人から「一緒にいたい」とか、「一緒にいてラク」だとは、なかなか思われないのです。

「まず与える」人になる

わたしはプロ・カウンセラーを対象に、カウンセリング技術を上げる実践的なセミナーを開いています。そこへ来る参加者の方々は、こんな思いを胸にセミナーを訪れます。

「カウンセリングが本当に上手になるかな？　セミナー代の元を取れるかな？」

「先生は分かりやすく教えてくれるかな？」

「参加者は気さくに接してくれるかな？」などなど……。

彼らの思いはさまざまですが、そこには共通点があります。それは、みんな、「何か良いことを与えてほしい」と思って参加する、ということです。セミナー代を支払って来るわけですから、「与えてもらおう」と思って参加するのが当たり前です。

ところが、一人だけみんなと違う考えの参加者がいました。

依子さんというプロ・カウンセラーです。

彼女は参加者たちのために、ドーナツをたくさん買って持ってきてくれたのです。「休憩時間にみんなで食べようと思って」と彼女は話していました。

セミナー代を支払っているにもかかわらず、彼女は「与えよう」という気持ちで参加していたのです。

そんな彼女は、キャリア・カウンセリングの世界でとても活躍しておられます。知り合いのカウンセラーから彼女の活躍ぶりを聞いたり、駅で彼女の顔写真の載った「キャリア・カウンセリング講演会」のポスターを見かけるようにもなりました。

いつも与えることを考えている依子さんだから、今の活躍ぶりは当然でしょう。

彼女は「一緒にいたい」と人々から思われる人なのです。だから、たくさんの人たちに支えられています。

あなたも、人に与えることをするほど人望が得られ、一緒にいてラクどころか、求められる人になるのです。

自分ではなく相手に意識を向ける

一緒にいて疲れる人ほど、

「人からラクな人と思ってもらえるかな?」

「好かれなかったらどうしよう?」

とビクビクしています。そしてそのビクビクはなんとなく相手に伝わります。するとと相手もなんとなくビクビクしたり、こころの壁を作ったりします。

じゃあどうすればいいでしょう?

それは、あなたから人に与えることです。自分が**どう思われるか、を心配するんじゃなく、「いいことを与えよう」と相手に集中しましょう。**あなたが人に与えられるいいことって、たくさんあります。

意識のベクトルを変えてみよう

いちばん強力なのが「関心」

「あなたと仲良くなりたい！」というメッセージを行動で伝えること。言い換えれば、「好意を向ける」「関心を向ける」こと。それが、「一緒にいてラクな人」になって人から好かれるために、いちばん強力です。

人を見ると喜んで寄ってくる子犬や子猫って、好かれますよね。子犬や子猫は、「こんなふうにしっぽを振ったら、きっとかわいいと思われるぞ」「こんなふうにすり寄ったら好かれるぞ」なんて計算はなく、ただ人に好意を表しています。だから好かれるんです。人の関心を引こうとするよりも、自分から人に関心を示しているのです。

人の関心を得るには、まずあなたが先に人に関心を向けることが大切です。それをしないで、「一緒にいてラクな人だな、と思われよう」とか「好いてもらおう」と気にすればするほど逆効果なんです。ただ相手に好意的な関心を注ぐこと。それに集中することを心がけましょう。

そして、相手に好意的な関心を向ける方法はたくさんありますが、ここではそのうちいくつかを紹介しますね。

好意的な関心を向けるカンタンな方法

人を、食事や何かのイベントに誘ってみましょう。

「今度帰りにちょっと飲みにいきませんか?」

「駅前にできた新しいレストランに行きませんか?」

といった具合に。

また、誘う相手が異性の場合だったら、二人っきりよりもグループのほうが相手は来やすいことがあります。その場合は複数の人たちの中に相手を入れる、という形にしましょう。

「飲み会をしようと思うんですけど、木村さんもいかがですか?」

「来月、うちの課の人たちとゴルフに行きませんか?」

あ、ちょっと待ってください!

「そう言うけど、自分はシャイだし、人を誘うのは大の苦手。断られたら気まずいし。いきなりハードルが高いなあ。一緒にいてラクな人になるのはやっぱり自分には無理かも……」

そう思ってこの本を閉じようとしたあなた、もう少し待ってください！

他にも、人に「仲良くなりたいです」というメッセージを行動で伝える方法はたくさんあります。あなたからあいさつする、相手に笑顔を向ける、相手の名前を呼ぶ……などなど。これなら少しずつできそうじゃないでしょうか？　のちにはさらに他の方法もお話しします。

ちょっとした小さなことでいいんです

「いいことを自分から進んで人に与える」って日常のカンタンなことでいいし、誰にも、他人に与えることのできるものがあります。

職場だったら、たとえばストレスが高い同僚のために、ストレスに効くアロマオイルをハンカチに垂らしてその人の机に置くとか、疲れていそうな人にお茶を淹《い》れてあげるとか。何かしてもらったら、ちょっとした「ありがとう」のメモをその人の机に置くとか。家庭では、朝、まだ寝ているだんなさんや奥さんにコー

「ちょっとした優しさ」が実は効果的

- 相手の名前を呼ぶ
- 自分から先にあいさつする

- 「ありがとう」のメモを置く
- コーヒーを淹れてあげる……etc.

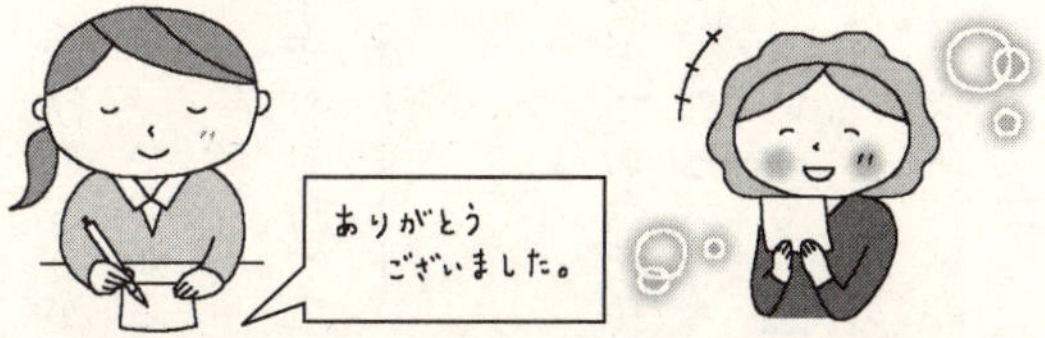

こんなちょっとしたことでも、「あなたと仲良くなりたい」というメッセージは相手に伝わる

↓

あなたといてラクだと感じるようになる！

ヒーを淹れてベッドに持っていくとか。

あなたにできることはたくさんあるし、探していると、すぐ見つかるものです。ふだんからちょっとした優しさをあげることが、人間関係をものすごく良くし、人はあなたといてラクだと感じます。ですから、日ごろから、進んで人に与えましょう。

わたしはさきほど、セミナーにドーナツを持ってきた依子さんのことをお話ししました。もし仮に、あなたがわたしのセミナーに参加したら、みんなのためにドーナツを持参するでしょうか？

答えが「はい」なら、ぜひ続けてください！

たとえば、コンビニやレストランなどでお金を払うとき、レジの人の目をしっかり見てはっきり「ありがとう」と伝えるとか。

人に自分から良いことを与えるって、いつも完璧にできるはずはありません。でも、昨日のあなたよりももう少しだけ、目の前の相手に好意と関心を与えるよう、心がけてみませんか？　そのときあなたは昨日より、「一緒にいてラクだな」「心地良いな」と思われる人になっていています。

違い❷

✕ 疲れる人は 結果や相手の反応を気にしすぎる

○ ラクな人は 結果より自分の納得感を大切にする

何が自分にできるだろう

『頭の中でこんなささやきを私は繰り返していました。

何をしてくれるのか？
何を与えてくれるのか？
どういうチャンスをもらえるのか？
どれだけくれるのか？
何をしてくれるのか？

このような受け身の考えでいると、不平不満が多く生まれてきたと思います。

世の中、うまくいかない。
給料が少ない。
休みが少ない。
認めてくれない。
愛してくれない。

その不平不満の人生から抜け出すには？

何が自分にできるだろう？
どうしたら、何を変えたら、楽しくなるだろう？
どんな可能性があるだろう？

と問いなおすことです。

すると、車の助手席に乗って、どこに連れて行かれるのか分からない人生から、運転席でハンドルを握って自由自在に進む人生に変わります。』

この言葉は、ベストセラー作家として有名な望月俊孝《もちづきとしたか》さんのメルマガの言葉です。望月さんは、リストラ、巨額の借金、強烈な自己嫌悪感に同時に襲われるという人生のどん底から立ち上がった方。今では多くの人々に、心身ともに健康になり、夢を叶《かな》えて生きる方法を教える講師として大人気で、また社長としても大成功を収めておられます。

そんな望月さんですが、かつては自分がもらうことばかりを考えて不平・不満ばかりの人生だったと言います。それが、自分に何ができるかを考え、できることを着実に行ない続けることで人生を変えたのです。

そしてそのことは、一緒にいて疲れないラクな人になるためにとっても大切なことなんです。なぜなら、さきほども言ったように、一緒にいてラクな人になるために何より大切なことは、人からもらうことを期待するよりも、自分からいいものを人に与えることだからです。

ここまでで「まず自分から与えること」の大切さはよくご理解いただけたでしょう。ただここで、注意していただきたいことが三つあります。それをお伝えしますね。

あなた自身を大切にしましょう

一つ目は、人に自分から進んで良いこと・良いものを与え、人のために何かをするのは、そんな自分が好きだと思えるからするんだ、ということ。それがしたいから、するのです。

だから、人のために役立つ自分に喜びを見出すよう努めてください。あなたが喜べることを見つけてくださいね。

もし、どうしてもイヤだとしか思えない行為なら、それをしても、結局は相手のためにもあなたのためにもならないと思います。

あなたは「自分を犠牲にして○○をしてあげた」という押しつけがましい気持

ちになって、相手が見返りに何かをしてくれないと腹が立ちます。「わたしは○○をしてあげたじゃないの！　だからお返しに、それくらいしてくれて当然でしょ！」と責めたくなります。

相手の人だってそんなふうに責められたらイヤになるでしょう。

たとえあなたが相手を責める気持ちをグッと押し殺して言葉には出さなくても、その怒りは無意識のうちに相手のこころに伝わり、その人との関係は悪くなります。

感謝してたくさん受け取りましょう

二つ目にお伝えしたいことは、受け取ることも与えることだということです。人が厚意や優しさを差し出してくれたときには、感謝してたっぷり受け取りましょう。

自分を大切にしない人って、受け取るのが苦手なことが多いもの。

誰かがあなたのために何かをしてくれたり、食事をおごってくれたり、プレゼントをくれたり、そういうときは「わーっ!!!　ありがとうございますーっ！」

と、思いっきり感謝し、喜んで受け取りましょう。

そのときあなたは、相手の人に、与える喜びを提供しています。

結果より、自分のあり方が大切

三つ目として、こころに留めていてほしいことがあります。

それは、あなたが何かをしてあげたとき、相手が感謝してくれるかどうかに重点を置くと、人に振り回されてしまう、ということです。ですから、「良いことを与える自分でいる」ことを中心に置いてほしいな、と思います。

他人を変えることはできませんから、他人があなたの期待通りの行動をしてくれるかどうかを中心に置くと、何度も何度も裏切られることになります。

一流のスポーツ選手がよく、大切な試合の前に「自分自身のプレーをするだけです」というコメントをしますよね。彼らは、勝つかどうかという結果を中心に置くのではなく、自分自身が納得できるプレーをすることが重要で、それを中心に置くことが勝利への最善のあり方だ、ということをよく知っているのです。勝敗という結果を中心に置くと自分を見失ってしまい、振り回されてしまうのです。

人間関係も同じ。わたしはあなたに本書で、「一緒にいてラクな人」になる方法をたくさんお話ししていきますが、実は、これからあなたが**出会うすべての人から「ラクな人だ」と思われたり好かれたりするなんて、無理**なんです。イケメン俳優だって美人女優だって、すべての国民から好かれるわけではありませんよね。

それに、たとえば人見知りの強い人って、誰といてもラクになれません。あなたがいくらラクな人になっても、その人は勝手に緊張し、疲れてしまうのです。ですから、「ラクな人、と思ってくれるかな？」「好いてくれるかな？」と相手の反応を気にするよりも、「良いことを与える自分でいる」ことを中心軸に置くよう、心がけてください。

もちろん、それがいつも完璧にできるわけではありません。一流のスポーツ選手だって、結果ばかりが気になって自分自身を苦しめてしまうことがあります。できないことがあってもいいんです。昨日の自分よりも、ホンの少しだけ、良いことを進んで人に与える自分になれるよう努めてみませんか？

あなたが人のために何かをして役に立つとき、あなたという人自身が、世界への貢献になります。そのときあなたは自分の価値を実感し、自分が好きになります。

そんなあなたは、「一緒にいてラクな人」になっています。

違い❸

✕ 疲れる人は 自分を良く見せようとがんばる
○ ラクな人は 自分の欠点をすなおに見せる

こんな男性ってゲンメツ！

恋愛経験が豊富な優子さんは、三十一歳の独身ＯＬ。そろそろ真剣に結婚を考えようと思っていた矢先、商社に勤めるマジメな男性を知人が紹介してくれました。

そして昨夜、優子さんはその男性と二人で食事に行ったのですが……。

「もうサイテー！　いい加減にしてって言いたくなったわ！」

お酒を片手にしている優子さんは、友だちの沙織さんに昨夜のことを報告しています。

「昨夜の人ね、自慢ばっかりするのよ！」

「自慢？」

「ええ、自分は本当は早稲田大学に入れる学力があったけど、たまたま入試に失敗して〇△大学に行って、でも偏差値のいちばん高い法学部だったとか、勤め先は名前は知られてないけど業界では評価されてる会社で、ぼくは同期の中でも有望株だと見られているとか、そんな話がずぅーっと続くの！　退屈そうにしたら悪いと思って、うん、うんって聞いてたけど、ほんとは早く帰りたかったわ」

一気にしゃべった優子さんは、グラスに残っているビールをグイッと飲み干しました。

さぞかしその男性にゲンメツしたのでしょう。すると、優子さんの話に深くうなずいていた沙織さんがこんなことを言いました。

「でも、そういう男って多くない⁉」

そうなんです。女性にいいところを見せようとして、つい自慢してしまう男性って少なくないんです。でも、それは大きな間違いなんですよね。

多くの男性がする間違い

男性が女性と仲良くなろうとするときにしてしまうとても多い間違いが、スキのない完璧な自分を見せようとすること。でもそれって、女性からは大きなイメージダウンになるんです。なぜでしょう。

ほとんどの女性が、男性に引っ張ってほしいと思っています。男性はそのことを感じるからこそ自分の有能さをアピールしようとするのですが、ここに落とし穴があります。自分を売り込もうとアピールするのは、下の立場の人間がすることですよね。媚《こ》びているわけです。多くの女性は男性にリーダーであってほしいと求めますから、媚びる男性にはゲンメツするのです。

また、**自慢をするのは虚勢を張っているということ**でもあります。虚勢を張る男性に対しても、人は自信のなさを感じ取りますから、魅力がなくなってしまいます。

女性が自分のことを自慢する場合も同じこと。自慢するのは「わたしは魅力のない女だから必死なんです」と宣伝しているようなものですから、男性からも、魅力のない女という扱いを受けてしまいます。

祐二さんはなぜ好かれるのか

わたしの知り合いに、イケメンではないのにとてもモテる男性がいます。

その男性は祐二さんというのですが、彼は自分がモテるという自覚もなければ、モテるために計算しているわけでもありません。

そんな祐二さんがモテる秘密が、以下のやりとりに隠されています。

祐二さん「今日、ハンバーグを作ったんだけど、みんなで食べにこない？」

女性「わーっ、すごい！　祐二さんって料理ができるの？」

祐二さん「うん、できるよ。焦がしちゃったけど……」

友人たちに料理をふるまおうと、祐二さんは得意のハンバーグを作ったのです。

料理のできる男性はモテますが、あまりに上手すぎると、女性は出る幕があり

✕ 「弱点を見せない人」は疲れる

○ 「弱点を隠さない人」はラク

ません。

彼が「焦がしちゃったけど……」と失敗（弱み）をすなおに見せることで、女性は「わたしだって完璧じゃなくていいんだ」と安心感や親近感を抱きます。

誰だっていくつも欠点はあります。それを隠そうとしない人ほど、周囲の人たちにとって、一緒にいてラクな人になります。

祐二さんは女性と飲みにいった席でも、「お酒、強いんだね。ぜんぜん酔ってないね」と言われると、「酔ってるよ。顔に出ないけど」とすなおに話すんだそうです。男性は得てして、「オレはこれぐらいじゃ酔わない」と強がりたがるので、そんな祐二さんに女性は好感を持ちます。

祐二さんは欠点をすなおに見せることで、イケメンではなくても女性からモテるのです。

欠点のある人ほど愛される

ここまで男女間の例を出してきましたが、男女関係に限らず、あらゆる人間関係において、虚栄心が強い人ほど一緒にいて疲れる人になり、周囲の人たちから敬遠されます。スキのない完璧な人って好かれないのです。

もし仮にあなたが「完璧でスキがない」という虚像を周囲に見せれば、周囲の人たちもあなたに対してこころの壁を作り、ホンネを見せなくなります。人々はあなたと一緒にいると自分らしくラクではいられないので、疲れるのです。

弱点や欠点もある人間であること、すべて完璧なんかじゃない自分であること、を隠さないよう心がけましょう。

共通のコンプレックスを持つ人には親近感を抱きやすい

ここは病院の一室。五名の男女が丸く並べた椅子に座り、話し合っています。

裕美さん「わたし、人の目がすごく気になって……こうして話してても内心はすごくドキドキなんです」

祐子さん「ええーっ、そんなふうには見えないわ」

裕美さん「よくそう言われるんだけど、本当は手に冷や汗をかいてるの」

義雄さん「ぼくもそうなんですよ。人といるとすごく緊張しちゃって。いい人って思われようとして、イヤって言いたくても言えなくって、溜め込んでしまって……それであとで自己嫌悪になっちゃって」

これはある日の自助グループの光景です。自助グループとは、共通の悩みを持つ人たちが集まって悩みなどを話し合い、支え合うグループのことです。わたしはかつて、自助グループのアシスタントをしていました。

断酒会、ギャンブル依存から立ち直る会、大切な家族を亡くした人の会など、多くの自助グループがありますが、そのような会では、メンバーたちは年代や性別が違っても、そして知り合ってそんなに日がたっていなくても、仲良くなることが多くあります。それは、同じ弱さや欠点を隠さず話し合うからです。わたしたちは**共通の欠点のある人に親近感を抱きやすく、そういう人と一緒にいるとラクに感じる**ものです。

ですから、あなたの弱点をすなおに話すと、人はあなたに対して気負う必要がないのでラクになります。冗談のうまい人が自虐ネタを上手に使うのは、そういう理由からです。

ですからたとえば、「田舎《いなか》育ちなので都会の生活によく戸惑う」とか、「中学生のときいじめられっ子だった」とか、「仕事について本当は不安なんだ」とか、こういったことを話の流れの中ですなおに話せば、多くの人があなたに親近感を持つでしょう。

もっとも、弱く見せることによって人の同情を得ようとか、自分の弱さを見せることで他人に何かをさせよう、などの魂胆があると嫌われます。

そのように他人を操作しようとして弱さを見せるのではなく、あなたが自分のことを実際以上に良く見せようとか、欠点を気づかれないようにしようとか、そんな壁を下ろして肩の力を抜くほど、あなたは一緒にいてラクな人になります。

違い④

×疲れる人は 自分の誤りを認めず、他人の誤りに厳しい
○ラクな人は 自分の誤りを認め、他人の誤りには寛大

ベテラン・カウンセラーのカーラ

わたしが米国でカウンセラーとして駆け出しだったころのお話です。

心理士の業界では、新米カウンセラーはベテランのカウンセラーから個人指導を受けるのですが、わたしの指導者としてつけられたのは、カーラというスラッと背の高い四十代の白人女性でした。

わたしは自分が行なったカウンセリングをカーラに報告し、指導を受けました。

来談者の許可を得たうえで、来談者が何を話したか、そしてわたしがそれに何と言って返したかをカーラに伝えるのです。そして、わたしの未熟な発言をカー

ラが指摘し、どう言えばもっと良かったかを教えてくれます。

カーラは、わたしの未熟な点を指摘する前に、次のような補足をつけることがよくありました。

「ノボルが報告して、わたしがそれを指導するのって、あと出しじゃんけんみたいなものなの。わたしはあなたの報告を聞いて、そこはもっとこう言ったほうがよかった、とか指摘できるけど、それはあとから聞くから言えるだけで、わたしだって、もし仮にその場にいたら良い応答ができたかどうかは分からないのよ」

ベテラン・カウンセラーのカーラにすると、新米だったわたしのカウンセリングには未熟なところがたくさんあったはず。でも彼女はそんな補足をつけることで、わたしの自尊心を守ってくれたのです。

カーラは決して、わたしが自分のことを無能だと感じたり、「人格を否定された」と感じたりするようなコメントをすることはありませんでした。だからわたしは彼女の指導を、余計な緊張をすることなく受けることができました。

カーラのように、人の誤りに寛容な対処をする人ほど、一緒にいてラクになります。

誤りを指摘するときには、自分自身の失敗や弱点として教える

わたしは大学院で、臨床心理士を目指す学生たちの指導をしています。わたしの指導は厳しいと思われることが多いようなので、学生たちが萎縮しないよう気をつけないといけないな、と思っています。

そんなある日の授業で、大学院生の熊田くんが、来談者の許可を得たうえでカウンセリング内容について発表しました。彼が発表したカウンセリングセッションでは、熊田くんは重要なことを見逃してしまい、そのためとても拙《つたな》いカウンセリングになっていましたが、彼にはそのことが見えていませんでした。

わたしは、クラスメートたちの前で熊田くんの自尊心をなるべく傷つけないよう留意して、次のように伝えました。

「ぼくも以前、同じような話をする来談者にお会いしたことがあるんです。その

とき、ぼくも熊田くんとそっくりの応答をしました。でもね、その応答がすごく拙かったことが、ぼくの先生から指摘されて分かったんです。熊田くんのこのカウンセリングには、ぼくがしたのと同じ間違いがあるんです。当時のぼくは熊田くんよりずっと経験を積んでいたけど、それでも同じ間違いをしたんですよね」

わたしがこのように前置きをしてから、彼のカウンセリング法の拙かったところを教えたので、熊田くんの傷つきは最小限に抑えられたように思います。彼はすなおに聞いてくれました。

このように、人に間違いを指摘する必要があるときには、自分自身の同じ間違いを語れば聴き手はすなおに聞き入れやすくなります。有能なベテランだって、かつては未熟な初心者だったのですから。

人間関係の大家だったデール・カーネギーは、こう言っています。

「およそ人を扱う場合には、相手を論理の動物だと思ってはならない。相手は感情の動物であり、しかも偏見に満ち、自尊心と虚栄心によって行動するということをよく心得ておかねばならない」

(『人を動かす　新装版』創元社、二七ページより)

相手の間違いや欠点を指摘しても決してトクにはなりません。人は感情で動く生き物です。論理的に相手の弱点を指摘してもうまくいきません。**人の自尊心は、傷つかないよう大切に扱われる必要があります。**

教授会の不毛な衝突

世間では、大学教授って、賢くて理性的な人々だと思われていることが多いかもしれません。

でもある大学の教授会は、必ずしも理性的で建設的な話し合いの場になるとは限りません。

ある日の教授会では、コミュニケーションのヘタな角石教授と剣先教授が、衝突しました。

角石教授「うちの大学は学生数が減っています。このままでは、来年行なわれる全国大学連合会の視察によって、学生数を増やすよう改善指摘を受けるでしょう。だから来年は合格の基準を下げ、学力が少しぐらい低い受験生でも合格させるべきです」

剣先教授「学生数が減っているのを全国大学連合会がとやかく言うなんて大きなお世話だ。全国大学連合会からクレームをつけられたところでなんの実害もないんだし、そんなこと気にしちゃだめだ」

角石教授「全国大学連合会を無視するんですか！　そんなの言語道断ですよ！」

剣先教授「学力の低い受験生でも合格させるなんて、大学の自殺行為だ。そんなことしちゃだめだよ、キミ！」

角石教授「自殺行為って言いますけどね、全国大学連合会を無視するなんて、それこそ自殺行為ですよ！　なんてことを言うんですか、まったく！」

この大学の教授会では、このような不毛な議論が交わされることがよくあるそうです。どうすればもっと建設的な議論になるでしょう?

もし自分の弱点を認めたら

仮に、もし剣先教授が自分の意見の弱点をすなおに認めていればどうなっていたでしょう? 弱点を認めている部分に波線を引いて示します。

角石教授「うちの大学は学生数が減っています。このままでは、来年行なわれる全国大学連合会の視察によって、学生数を増やすよう改善指摘を受けるでしょう。だから来年は合格の基準を下げ、学力が少しぐらい低い受験生でも合格させるべきです」

剣先教授「全国大学連合会からクレームをつけられたところで実害はないと思うんだが、**ぼくは角石教授ほど全国大学連合会について分かっていないのかもしれない。**クレームをつけられたらそんなに問題なのかい?」

角石教授「全国大学連合会とは、複数の大学が相互にチェックし合ってお互いを高め合おうという、大学の良心にもとづいた組織です。クレームをつけられても実害はありませんが、だからと言って無視してはいけません。社会に対する大学の誠意として、クレームをつけられそうな点については自己改善を図るべきだと思うんです」

剣先教授「なるほど。社会に対する大学の誠意は大切だよね。**そこは認識してなかったよ**」

角石教授「ええ」

剣先教授「でも、学力の低い受験生を合格させると、うちの大学の偏差値がどんどん下がって、受験生からそっぽを向かれることになるのが心配なんだが」

角石教授「全国大学連合会の相互視察は差し迫った問題なので、来年は合格者数を増やす必要がどうしてもあると思います。でも、剣先先生のおっしゃるとおり受験生の質をなるべく落とさないことも重要ですから、そこは広報予算と広報戦略を見直すことで、より質の高い受験生を多く集めることを考えてはどうでしょう？」

このように自分の意見の弱点をすなおに認めるほうが、より建設的な話し合いになりますよね。自分の弱点をすなおに認める人に、攻撃はできませんから。

自分の至らなさを受け入れている人は、一緒にいてラク

「ぼくはバカだもん、わははは」

スピリチュアル・アーティストの秋山峰男さんはそう笑います。はっきりとご自身のことをバカだと言い切っている、そのいさぎよさが気持ちいいのです。

秋山さんは、日本全国から作品の依頼が続々やって来る人気芸術家。彼には作品依頼に加えて講演や個人相談の依頼も殺到しており、宣伝もしていないのに口コミで続々と依頼が来ています。彼の作品と生き方が、人々から求められるのです。

秋山さんが人々からそれほどまでに求められる理由の一つは、彼が「自分を良く見せよう」とか「自分の正しさや優位性を主張しよう」などとしないこと。人

より優れようとか人を負かそうなんて思っていないのです。

「ぼくが絵を描いたりアートを教えたりするのは、みんなからもらった深い愛をみんなに返したいだけなんです」

そんな秋山さんだから、人は一緒にいてラク。

人は自分の誤りを認めようとしないもの。でも秋山さんのように、卑屈になるわけでも自分のことが嫌いなわけでもなく謙虚にしている人って、強いです。ポキッと折れたりしません。それに、そういう人は人生でものごとがスムーズに運びます。

違い❺

✕ 疲れる人は 人の意図を悪くゆがめて解釈する

○ ラクな人は 人の意図を正しく理解しようとする

わたしの失敗談

「わたしって、なんて仕事のできないダメな人間なんだと思って涙が出ます……わたしは能力が低いから人一倍努力しているけど、新しい部署の仕事は全然覚えられないし、コミュニケーションがヘタで言いたいことも全然分かってもらえないし。わたしのしてることって世の中の役に立ってない。毎日残業でクタクタ。こんなにやっても報われない……」

ある夜、知り合いの小川さんがわたしにこんなメールを送ってきました。わたしはそれを読んで腹が立ちました。こう思ったんです。

「だから前からアドバイスしているのに！　小川さんはもともと自己否定感が強

いからそれを変えるためのアドバイスもしたし、いつかこういうことになると思ってたから、コミュニケーション術を学ぶ必要があるよとか、いろいろ言っているのに聞かない。必要なことをしないで、しんどくなったらこんなメールをしてくる！　せっかくのオレのアドバイスはどぶに捨てて助けを求めてこられたって、どうしようもないじゃないか！」

でも、そうして一分間ほど腹を立てたあと、考えたのです。

「待てよ。本当に小川さんはオレに助けを求めてるのかな？　別に助けを求めてるわけじゃなくて、ただしんどいからしんどい、とメールに書いただけなのかも。オレが勝手に、小川さんの気持ちをラクにしなければ、とか、小川さんを助けなければ、と思い込んで、それができないから無力さを感じている。そして、そのしんどさから腹を立てているだけなのかも」

そこで本人にメールを返して尋ねてみました。

すると思いもよらない意外な答えが。

「古宮さんに無力感を抱かせてしんどい気持ちにしてたなんて、ちっとも思いませんでした！　本当に申しわけありません。わたしの人生って、実は、仕事なんかよりずっとずっとつらく苦しい悲劇的なことがたくさんあったから、わたしにとってあのメールは普通のことを書いたものだったんです。気づいていなかったことを教えてくれてありがとうございました」

小川さんはわたしに、気持ちを軽くしてほしいなんて期待はしていなかったんです。わたしには、助けを求めるS・O・Sメールにしか思えなかったのですが、あまりにつらく悲惨な人生経験をいくつもしてきた小川さんにとっては、普通のことを書いただけだったのです。

わたしは小川さんの意図を勝手に誤って解釈し、腹を立てていたのでした。

次に、わたしのように他人から期待されていないことを期待されていると勝手に思い込んで苦しんだ人の例をお話しします。

他人の期待を想像して苦しんでいた例

社会福祉士をしている木崎さんという男性がいます。ちなみに社会福祉士とは、障がい者の相談に乗りサポートする人です。

木崎さんは、彼が担当しているあるお母さんのことでわたしに相談に来ました。そのお母さんには知的発達の遅れを持つ小学生の息子さんがいます。学校はその子を、少人数制の指導をする特別支援学級に入れたいらしいのですが、お母さんは「そんなの差別です！　絶対に許しません！」と怒って、普通学級への在籍にこだわっています。

木崎さんの話を聴くうち、彼が何に悩んでいるかがはっきりしました。彼は「ぼくが、このお母さんを説得して息子さんを特別支援学級に入れなければ、学校の先生たちから『木崎さんは社会福祉士のくせに無能だ』と思われるんじゃないか」と不安を抱いていたのです。

そこでわたしは木崎さんに、小学校の先生たちと会って、彼の不安を含めて腹を割って話し合うよう提案しました。

そこで木崎さんが先生たちと話し合いの場を持ったところ、意外な結果になりました。

学校の先生がたは、お母さんを説得するなんて重責を木崎さんに期待してはいなかったのです。息子さんを特別支援学級に入れるのは先生がた自身の責任だと感じており、そのお母さんを説得できていない現状について自分たちの無力さを感じていたのです。

その話し合いをきっかけにして、木崎さんと先生がたはそれぞれがバラバラにがんばるのではなく、チームとして協力してそのお母さんと息子さんにかかわっていくようになりました。木崎さんの気持ちもずっと軽くなりました。

人の意図についての誤った思い込みによって、疲れる人になる

さきほどのわたしの例や木崎さんの例のように、勝手な思い込みをする人って、周囲の人たちにとって一緒にいて疲れる人になります。

さきほどの、小川さんから苦しみのメールを受け取って腹を立てたわたしの例だと、わたしは「ぼくのアドバイスも聞かないくせに、つらくなったらぼくに助けを求めてこられたってどうしようもない!」と怒りのメールを返したくなりました。もしそうしていたら、小川さんはわたしのことをつきあいづらい人だと思ったでしょう。

木崎さんの場合は、「このお母さんは、せっかく学校の先生がたが息子さんのために特別支援学級を勧めておられるのに、わけの分からないことを言って拒否

する！　なんておかしな母親だ！」とお母さんに腹を立てていました。怒りは相手に言外で伝わりますから、お母さんは木崎さんといるとピリピリして疲れたはずです。

さらには、もしそんな状況が長く続けば、木崎さんは学校の先生がたに対して、「ぼくにこんなモンスターペアレントを説得させようとする！　そんな無理難題を押しつけるなんて、とんでもない人たちだ！」と怒っていたかもしれません。もしそうなっていれば、先生がたにとって木崎さんこそ、勝手に腹を立てて先生がたを責める「とんでもない人」になっていたでしょう。

わたしや木崎さんのように、他人の期待をゆがめて解釈すると人間関係にひびが生じます。

次に、他人が自分に悪意を持っている、とゆがめて受け取った人の例をお話しします。

個人攻撃として受け取る人

とある製薬会社の研究室でのこと。

「キミが寝返ったのが信じられないよ！」

大谷主任は、新任の若松助手に激怒しています。研究資金をどう使うかについて、若松助手は、大谷主任の希望とは異なる意見を会議で発言したのです。

本当は研究室の多くの人が、大谷主任の思っていた使いみちに反対なのですが、それをはっきり言ったのが若松助手でした。

大谷主任が怒っているのは、「あいつがオレに反抗した」ということなのです。でも本当にそうでしょうか？　若松助手は単に、研究資金の使い方について大谷主任の考えに異を唱えたのであって、大谷主任という人に対して「寝返った」わけでも、「反抗した」わけでもありません。大谷主任は、若松助手が研究資金の使い方に反対したという事実を、「あいつがオレに反抗した」と悪く解釈したのです。

このように、人の意図を悪く解釈する人は、すぐ怒ったり気を悪くしたりするので、周囲の人は、「言い方に気をつけないといけない」とピリピリします。

「悪く解釈する人」は周りを疲れさせる

人の意図を悪くゆがめていませんか？

誰かがあなたの意見に反対したとき、あなたという人間を否定したわけではありません。あることがらについて、あなたと異なる意見を持っただけです。

また、誰かがあなたを批判したり、あらぬ疑いをかけたりしたとしても、それはその人があなたの人間性をよく理解して、あなたのことを「信頼に値しない」と判断しているわけではありません。単にその人は過剰に攻撃的だったり疑い深かったりする人か、何かを誤解しているだけなのです。

ですから人の意図を正しく理解するように努めましょう。

特に、誰かに腹が立ったときは気をつけましょう。そういう場合は、相手の意図を実際以上に悪く解釈していたり、相手の人がどう思うかをあなたが気にしすぎたりして、「あの人に悪く思われたら我慢できない」と思っているものです。

違い❻

✕ 疲れる人は 自分はつねに正しいと思っている
○ ラクな人は 自分と異なる意見や価値観を認める

美人女子大生との短すぎる友情

大学生のとき、江梨子さんという抜群に美人の女友だちがいました。でも、彼女と友だちでいられたのはホンの短い期間だけでした。その悲しいわけは以下のようなものです。

江梨子さんは細くスラッとした抜群のスタイルの持ち主でした。鼻筋のすっと通った面長で、白い肌はまさにシルク。長いストレートヘアーはつやつやでした。

わたしはその日、江梨子さんを含む四人の友だちと食事に来ていました。深い茶色の重厚な木調家具が並ぶ、しゃれたレストラン。照明はやや落とし気味の、上品な店でした。

江梨子さんは大学に通いながらモデルのアルバイトをしていました。街でスカウトされたのです。でも彼女は、そのアルバイトが嫌いでした。

「コーヒーカップを持って微笑《ほほえ》む写真を撮るんだけど、カップの中はカラなのよ! 意味のない、すごくむなしい仕事」

それを聞いてわたしは言いました。

「そんなの仕事だから当然やんか。そんなことで文句を言ったらあかん」

わたしは彼女の話を聞いて「けしからん」と思ったのでした。カップにコーヒーが入っているフリをして写真を撮るぐらい、仕事だから我慢しないといけない、と。

でも、そんなことぐらい、江梨子さんはわたしから言われなくたって十二分に分かっていました。だから彼女は撮影現場ではちゃんとポーズをとって微笑んでいたのです。

振り返って思うのですが、江梨子さんはカラのコーヒーカップが不満だったわけではありません。彼女は、人々が彼女の外見にしか注目してくれないことが寂しくて、もっと人間性を見てほしいと願っていたのかもしれません。

　または江梨子さんは、生きる意味や目的があまり感じられず、その空虚感と焦りを分かってほしかったのかもしれません。さらにはひょっとすると、彼女はやりたいことが見つからず、その不安を分かってほしかったのかもしれません。だとすると、カラのコーヒーカップは、人生に対する空っぽ感の象徴だったのです。

　なのに、わたしは彼女の気持ちを彼女の身になって理解しようとはせず、わたしの価値尺度を当てはめて、彼女の言うことを批判していたのです。

　そんなわたしに美人の江梨子さんはホンネを話してくれなくなりました。当然のことでした。友だちづきあいは終わりました。あぁ、残念な青春の思い出……。

自分が批判した人に、いつか自分がなる

　人間的成長とスピリチュアルな成長を目指す生徒さんたちがある先生のもとに集まって自分を磨く、自己啓発グループがありました。由佳さんは熱心なメンバ

ーの一人で、そのグループを抜けてゆく人たちに対して批判的でした。

「先生の弟子として生涯にわたって自分磨きをする、と決めたのに途中でやめるなんて！」

彼女はまた、そのグループの人が他の講師の自己啓発セミナーなどに学びにいくことについても批判していました。

「あちこちのセミナーに学びにいってどうするのよ。そんな暇があったらわたしたちの先生の教えをもっと深く学ぶべきよ」

でもその数年後、由佳さん自身がそのグループを辞めたのです。そのグループの副リーダーの人たちに不信感を持つなど、ついていけなくなったのでした。また、彼女は辞める前に、違う先生の教えを学び始めたりもしていました。

彼女は辞める人たちに対して批判的でしたから、自分が辞めることについて、自分自身に批判的な思いを感じずにはおれず、苦しむことになりました。

わたしたちは、自分が批判する人間に、いつか自分がなります。

「善悪」や「正しい・間違い」のものさしを他人に当てはめ、すぐに「良い」「悪い」と判断をする人に、わたしたちはこころを閉ざします。そんな人と一緒

「価値観の押しつけ」が人を遠ざける

本人は正しいことを言っていると思っているが、
実際には自分の価値観を押しつけているだけ

周りの人はこころを閉ざすようになる

にいると疲れます。

異なる価値観を持つ人から学ぶ

そうは言っても、わたしたちは、自分の価値尺度に合わない言動をする他人に対して批判的な気持ちを抱きがちなものです。

しかし、その人たちがわたしたちの価値尺度に反する言動や考え方をするのは、わたしたちに見えていないものが見えており、わたしたちが知らないことを知っているからです。

自分の価値尺度とは異なる言動や信念の人のことを裁いても、トクにはなりません。それどころか、わたしたち自身の見聞を広げたり、異なる角度からものごとを見られるようになったりするチャンスを拒絶してしまいます。

わたしたちの価値尺度に合わない言動をする人から学んで、ものごとの違った面を見る見識と柔軟性を高めることができるとき、私たちはいっそう豊かな人へと成長します。

会社などの組織も家庭も、異なる価値観を持つ人々が集まるようになっています。それによってバランスが取れるからです。誰かが保守的になれば、誰かが革新的になります。誰かが心を大切にすれば、誰かが身体や物質的なことを大切にします。楽観的な人のそばには必ず悲観的な人がいます。それらは全て必要だからです。

他人に対してあなたの価値観に従うことを期待すると、失望、仲違い、断絶を生みます。あなた自身に対して他人の価値観に従うことを求めると、挫折、劣等感、罪悪感をいだくようになります。

人は自分自身の価値観を大切にして生きるとき、自分らしくイキイキと生きることができるのです。

違い7

×疲れる人は イヤなことや問題ばかりに目がいく
○ラクな人は 良いことに意識的に目を向ける

不幸な人と一緒にいると疲れる

「あーあ、今日もイヤなことばっかりだった」

新入社員の村上くんは、同僚たちと一杯やりながらそんなことをつぶやきました。

「そうなの？　何があったの？」

聴き上手の佐藤さんが、村上くんのグチにつきあっています。

「たとえば、ホチキスの留め方で上司に叱られたこととか。こんなに雑なホチキスの留め方だと、せっかくの資料が台無しだ！　って、イヤミったらしく叱られたんだ」

「その資料は、村上くんが作ったの？」

「そうだけど」

「それってほめられてるんじゃない？　ホチキスの留め方さえちゃんとしていれば良い資料だっていう意味だと思うけど」

佐藤さんの意見に、同僚たちはみんなうなずきました。でも、村上くんだけは納得のいかない顔をしています。

人は、不幸な人と一緒にいると疲れます。不幸な人とは、悪いことに焦点を当てる人。いつもこころがギスギスしています。そのため、周りの空気も窮屈となり、居心地が悪いのです。

反対に、幸せな人と一緒にいるとどうでしょう。

幸せな人は自分の欠点を隠さず、人にこころを開き、おおらかでゆとりのある生き方をしているため、周りもラクでいられます。

だから、一緒にいてラクな人になるには、自分の幸せ度をアップさせることが大切です。

幸せ度のベースラインは一定

そして人間の幸せ度について、心理学の研究からたくさんのことが分かってきました。その一つが、多くの人の幸せ度は、年月を経てもあまり変化しないということです。

多くの人々を追跡調査して幸せ度を調べたところ、今幸せに生きている人は、去年もおととしも幸せだったことが分かりました。そして幸せな人のほとんどは、来年も再来年も、たぶん十年後も幸せなんです。同様に、今不幸な人は去年も不幸だったし、おそらく十年後も、同じくらい不幸なんです。

それじゃ、今より幸せになるのは無理かって？

いえ、そうではありません。幸せ度を上げる方法があるんです。それはのちほどお伝えしますので、その前にもう少し、幸せ度について心理学の研究で分かっている大切なことをお話しさせてください。

幸せ度は出来事によってはあまり変化しない

幸せ度が年月を経ても一定だということは、幸せ度は、出来事によってはあまり変化しないということでもあります。

つまり、宝くじに当たる、結婚する、いい会社に就職する、などいわゆる「良いこと」が起きると、その直後には幸せ度はアップしますが、しばらくあとには、幸せ度はその人のもともとのベースラインに戻ってしまうのです。

同様に、リストラに遭う、離婚する、多額のお金を失う、などいわゆる「悪いこと」が起きたら、その直後には幸せ度は下がりますが、ある程度の期間をおくと、その人の元のベースラインまで上がります。

たとえば、不幸な人が「幸せになるために」結婚しても、結婚直後はともかく、しばらくすると、結婚前と同じ不幸せ状態に戻るのです。その人自身が変わらない限り……。

白馬に乗った王子さまがわたしを迎えにきてくれたら幸せになり、その王子さまを失ったら不幸せになる、というのは非現実的な幻想なんです。

だから、**望んでいる「良い出来事」に過度な期待を持つことも、怖れている「悪い出来事」を過度に怖れることも、非現実的**なんです。意外だと思われるでしょうか？

幸せな感情の効用

幸せな思いで過ごしていると、健康に効果があります。

まず、免疫力がアップすることが分かっています。病気をしにくいし、ガンの発症を抑制する効果もあります。また若返りにも良いのは、誰もが感じていることでしょう。イキイキと生きている人って外見も若々しいことが多いですよね。

さらに、リラックスするので穏やかに生きられるし、疲れにくいのです。

反対に、悲しみ、怒り、恨みなどの感情はからだを傷つけます。免疫力がダウンするので、風邪をひきやすくなるなど病気になりやすくなります。老化も早まるし、疲れやすくもなります。さらには、ガンの発症にも心理的な影響が大きいことが研究で示されています。

これらは、幸せ感、不幸せ感のもたらすさまざまな影響のごく一部に過ぎません。でもこれを見るだけで、「幸せに生きたいなあ」と思いますよね。ところがなんと、人間には自分を不幸な気分にする傾向が備わっているんです。

人間には、不幸に焦点を当てる傾向がある

生物にとって、もっとも重要なのは生存すること。ですからわたしたちは危険な目に遭ったときは、二度と同じことにならないよう、危険の記憶がこころに強烈に印象づけられるようになっています。

「危険な目」とは、猛獣に襲われそうになるとか、高いところから落ちそうになるなどの肉体的なことはもちろん、親から拒否されるとか、人から嫌われて受け入れてもらえなくなる、など人間関係における危険も含まれます。人間は幼いうちは親にくっついて暮らし、大人になっても集団で暮らすことによって、危険を避け、食物などを得て生きるよう進化したからです。

そして、そのような危険な経験を強烈に覚えておくからこそ、危険を必死に避けようとするので、生存するチャンスが増えるわけです。

だから、たとえば今日一〇人にほめられて、たった一人から批判されたら、批判された出来事のほうを強く覚えており、そのことで落ち込んだり腹を立てたりします。

それに対して、たとえば道端できれいな花を見てホッとしても、そのことは忘れてしまいやすいのです。それを覚えていたって生存には役立たないからです。

つまり**わたしたちは、不幸はよく覚えているけど、幸せなことについては、努めて注意を払う習慣をつけない限り、忘れやすいようにできている**んです。だからうっかりしていると、「世の中は苦しいことばかり」だと思えてしまうのです。

わたしたちのその傾向は、「生き延びる」ためには最善のやり方ですが、「幸せに生きる」ことにはマイナスになることがあります。うまくいっていることよりも、問題に注意を集中し、怖れを増幅してしまうからです。

そして、幸せ度アップの秘訣の一つが、ここにあります。

良いこと、うれしいことに、意識的に注意を向ける

幸せ度をアップするには、良いこと、うれしいことに意識的に注意を向けるこ

とが大切です。プラスのことに努めて注意を払うほど、それが習慣になります。するると、日々の喜びが増えます。

え、ここで反論⁉　どうぞ！

「不幸に焦点を当てるのが人間の基本的な傾向なんだったら、それを変えることはできないいんじゃないですか？」

いい反論です。でも人間は、基本的な傾向だから変えられないとは限りません。

たとえば、人間の味覚はもともと甘いものを欲して、苦いものやすっぱいものはマズく感じるようにできています。甘味は、果物が食べごろであることを示すのに対し、すっぱいのはまだ熟していないことを示し、苦味は毒があることを示すからです。

ですから幼児は甘いものが好きで、すっぱいものや苦いものは吐き出しますよね。それが生物本来のあり方です。

ところがわたしたちは日々の生活の中で、すっぱいものや苦いものをときにおいしいと感じるように味覚が訓練されてしまいました。だから世の中にはビール好き、コーヒー好き、梅干し好きがたくさんいますよね。このように、味覚という生物としてのとても基本的なことだって訓練によって変わるのです。

幸せなことに意識して焦点を当て、幸せなことを意識して繰り返し思い返しましょう。

それが習慣になれば、あとは当たり前のように、幸せが人生に増えます。それが、幸せのベースライン（基本ライン）を上げます。

注意を向けるものが見える

わたしがある学生から、大学近辺のとある場所までの道順を教えてもらっていたときのこと。

学生「駅前にカラオケがありますよね、そこを右に曲がって……」
わたし「えっ？　カラオケ？　そんなのある？」
学生「えぇーっ、先生、あのカラオケ知らないんですか⁉　駅前の道を行くと目の前にありますよー！」
わたし「そんなのあったかなあ……」

翌朝、気をつけて見てみると、通勤途中のわたしの目の前にドーンと大きなカラオケビルが現れました。カラオケに興味のないわたしには、それまでまったく見えていなかったのです。「なんでこれまで知らなかったんだろう……」と不思議なほどでした。

学生は若いから注意力があり、わたしのようなおじさんは脳が衰えているためにぼーっとして目の前にあるものさえ見えない……というわけでは必ずしもないようです。というのは、学生たちだって目の前にあるのに見えていない、ということがあるからです。

わたしが勤める大学の校舎の正面に、石屋さんがあります。墓石や建築資材の岩石を扱うお店です。その校舎の大教室で授業をするとき、わたしは教壇上からマイクを持って三〇〇人の学生たちに問いかけます。

「あの、話が急に変わるけど、この近くに石屋さんはありませんか？　誰か知っている人はいますか？」

学生たちは「知らないなー」という感じでポケーッとわたしを見ています。

「墓石や建築用の岩石を売ってる店やけど、誰か知ってる人いませんか？」

すると、三〇〇名の学生のうちたった一人か二人だけが手を挙げて、「校舎の前にあります」と教えてくれます。他の学生たちはみな「えーっ！　そんなのないよ……」という反応。校舎のまさに目の前にあるのに。彼らは墓石や建築資材に興味がないから、見えないのです。

美しいものも、注意を向けてこそ見える

ある日わたしは、近所の公園をジョギング中にすごく美しい木を見つけ、写真を撮りました。でもそこはいつものジョギング道でしたから、日ごろから見ていたのに、気づくことなく見過ごしていたのです。その美しい木をその日は見つけることができたのは、フェイスブックに美しい写真を投稿したくて、「きれいなものはないかな」と探していたからです。

探せば見えるのです。

「感謝ノート」で幸せ探しを習慣化する

幸せも、探していると見つかります。

わたしは幸せを探すクセをつけるために、「感謝ノート」を書いています。朝、通勤電車の中で、自分の身に起きた感謝できることがらを短くカンタンに書くんです。

「今日も元気に起きることができました」

「今日も仕事をさせていただけます。ありがとうございます！」

「〇〇さんが手伝ってくれました」

「▽▽という出来事がありました」……

わたしは**「感謝ノート」を日課にすることによって、幸せ度も運も良くなっている**と感じます。頭で考えるだけでは弱く、文字に書くことによってこころにしっかり記銘されます。あなたも始めませんか？　ぜひおすすめします。

米国のある心理学者が、被験者たちに、六週間にわたって毎夜、その日にあった感謝できることをたった三つだけ書かせたところ、幸せ度がアップしたそうです。たった三つ書くだけですよ！

わたしはまた、夜ベッドに入ったら、

「お父さま、お母さま、ぼくをよく育ててくれてありがとうございました」

「からださん、今日もよくがんばってくれました。ありがとう」

と感謝の思いと言葉を送ってから寝ています。

意識して、幸せなことを探しましょう。それによってあなたはより幸せな人になります。

するとあなたは、周囲の人々にとって一緒にいてラクな人になります。

わたしが気分を上げるために毎日やっていること

多くの人が、「いいことがあったら幸せになり、イヤなことがあれば不幸になる」と信じています。そういう人は、幸せになるのも不幸になるのも、たまたま起きる出来事や他人の言動しだいだと信じています。その思い込みだと、人生が他人まかせ、偶然まかせになるので、自分で自分の人生を創ることができませ

「感謝ノート」をつけると……

↓

幸せなことや良かったことを意識的に探すようになり、幸せ度も運もアップ！

↓

幸せな人＝一緒にいてラクな人に！

ん。

でも、喜び、幸せ、ワクワクなどの感情って、自分しだいで創ることができるんです。ですから、まず自分で自分を楽しい気分にすることが大切です。

わたしの場合は、先にお伝えした「感謝ノート」を通勤電車で書くことのほかに、朝起きたらすぐ、「今日もいい一日をいただきました。ありがとうございます」と声にします。さらに、ベランダに出て朝日をからだいっぱいに思いっきり浴びて深呼吸し、駅まで歩きながら「ありがとー！」とこころの中で叫び、自分で自分を楽しい気分にしたりもしています。

自分を楽しい気分にして生きるほど、楽しい人や出来事、ラッキーなことがもっとたくさん起きます。あらゆるものに「ありがとう」の気持ちで生きるほど、「ありがとう」と言いたくなることがもっと増えるのです。

そしてあなたがそうして生きるほど、周囲の人たちにとって、あなたは一緒にいてラクな人になります。ですから、まずあなたの周りに今ある幸せに努めて注意を向け、さらに、あなた自身の気分を上げることをたくさんしていきましょう。

違い❽

✕ 疲れる人は 目立つと嫌われると思っている
○ ラクな人は 自分の存在感を消そうとしない

「お前ってほんまに存在感のないヤツやな！」

野球部の部室は、お世辞にもきれいとは言えません。汚れたままのユニフォームが床に落ちていたり、何年前からあるのか分からないスパイクが転がっていたり……。

ある日の夜。野球部だったわたしは、練習を終え、汗くさい部室の片すみで着替えていました。同じ部室では、野球部のみんなもワイワイガヤガヤ着替えていました。そのときです。野球がうまくておしゃべりの赤木くんが、ふと、こんなことを言いました。

「あれ、古宮はどこにいった？」

部室の片すみで着替えていたわたしは、赤木くんは何を言っているんだ？　と思い、彼のことをキョトンと見ていると、わたしと目が合った赤木くんはこう言いました。

「あ、いたんか!!!　お前ってほんまに存在感のないヤツやなー！」

さらには、そこにいたみんなが「ワハハハ」と大きな声であざけり笑ったのです。

わたしは、失礼なことを言うヤツだと思いながらも、何も言えず黙っていました。

今振り返ると、人への不信感が強かったわたしは、自分でも気づかないうちに、目立たないようにしよう、存在感を消そう、としていました。目立つと嫌われたりバカにされたり攻撃されたり……そんなことをされるのではないかと怖れていたからです。

そして、かつてのわたしのように存在感を消している人は、周囲から無視されてしまいがちです。

「目立つと嫌われる」という思い

一緒にいてラクな人だと思われたい、と願う人の多くが、かつてのわたしのように、

「目立つと嫌われたり批判されたりする。だから目立たないようにしよう」

と思っています。あなたにもそんな思いはありませんか？

そういう人は、目立つことを怖れたり、人前で話すことが苦手だったり、集団の中で自分の意見を言うことが嫌いだったりします。

ところが、その「目立たないようにしなければ」という思いによって、わたしたちは「一緒にいて疲れる人」になってしまうのです！

自分の存在感を消そうと思っている人は、自分で覚えているかどうかは別にして、過去に、目立ったために人から拒絶されたり攻撃されたりした怖い経験があったはずです。

たとえば子どものころ、あなたが言ったことやしたことが親の目に留まってひどく叱られたとか、兄弟姉妹が目立つことをして叱られているのを見て、「わた

しはあんなことはしないぞ！」とこころに決めたとか。

なぜ、「一緒にいて疲れる人」になる？

じゃあどうして、「目立たないようにしよう、存在感を消そう」と思っている人って、「一緒にいてラク」だと思ってもらえないのでしょうか？

なぜなら、そういう人は基本的に人のことを拒否的だとか攻撃的だと信じて怯《おび》えているからです。そしてあなたのその怯えは緊張感として人に伝わります。すると人はあなたといてラクにいられず疲れます。それはそもそも、あなたが人を信頼していないために起きたことです。

今お話ししていることは、すべて無意識のうちに起きていること。意識してわざとしているわけではありません。あなたは決して、

「この人は信頼に値しない悪い人だから、この人の注目を引かないようにしよう」

とはっきり決断したわけではありません。周囲の人だってあなたのことを、

「この人はわたしに不信感いっぱいだし、緊張しているわ。いいわよ、わたしだ

ってこんな人のことなんか信用してやるものか！」

なんて悪意を持って決めたわけではありません。

他人に対するあなたの怯えも、人々がその怯えに反応してあなたに対し壁を作ることも、すべてわたしたちの気づかない無意識下で起きているこころの動きなのです。

あなたは人々へのプレゼント

本当は、あなたは周囲の人たちにとってのプレゼントです。そうじゃなければあなたはそもそもこの世に生まれてこなかったし、周囲の人たちと縁ができることもありませんでした。

ですから、存在感を消そうなんて思わないでほしいのです。あなたというプレゼントを人々に与えることを、拒まないでいただきたいのです。

あなたはかつて、「目立っちゃいけない。否定されたり攻撃されたりする」と学んだのかもしれません。そのときにはそれは正しい判断だったはず。でも今あなたが一緒にいる人たちはかつての人たちではないし、あなただってもう当時のあなたではありません。

あなたという存在は人々へのプレゼントですから、堂々としていてください。そうするほど、周囲の人たちにとって、あなたは一緒にいてラクな人になります。

あなたを攻撃する人は、本当はあなたが嫌いではない!?

ただ、「堂々としていてください」と言われても、他人に対する怯えを消せと言われても、それができないから苦労している、と思うかもしれませんね。

それであれば、試してほしいことがあります。

それは、「わたしは周囲の人たちから愛されている」と信じ込むことです。

「何を言っているんだ！　ばかばかしい！」と思うかもしれませんし、難しく感じられるかもしれません。でも自分は愛されている、とまず自分に言い聞かせてそう信じ込むと、人といるときの緊張が意外に減るものです。

「だけど、わたしを嫌ってイヤなことをする人がいる。その人がわたしを愛してるなんて、とんでもない！」

そう思うかもしれませんね。でも、その人があなたのことをそんなに嫌っているということは、その人にとってあなたの存在がとっても大きいということです。そしてあなたと交流していると、その人が以前から抱えてきたこころの傷つきが思い出されるのです。だからあなたを責めたり否定したり、またはわざと無視したりせずにいられないんです。

でもそうしている人は、本当にあなたのことが嫌いなわけじゃないんです。その人のこころの中で過去から持ち越してきたこころの痛みがぶり返し、その痛みに向き合うことができないため、代わりに、あなたを攻撃したり排除したりせずにはいられないんです。その人がそうしてしまうのは、**あなたの問題ではなく、その人の問題**なんです。

たとえば、子どものころに親から「あなたが優秀じゃないと愛さない」というメッセージを受け取って傷ついた人は、自分よりもあなたのほうが優秀だと思うと、その痛みを感じてしまいます。または、あなたが優秀じゃないと感じたとき、あなたを軽蔑し、攻撃せずにいられないのかもしれません。

でもそうせずにおれない人は、本当はこころの中で、自分自身の優秀じゃない部分を「こんなぼく・わたしじゃダメだ！」と攻撃しているんです。

つまり、本当はその人は、自分自身の何かの部分を嫌っていて、その嫌悪感をあなたにぶつけているんです。あなたという人をよく理解してあなたを嫌っているわけじゃないんです。

あなたを嫌ったり攻撃したりする人にとって、あなたはとっても影響力の大きな人で、もしその人がこころの痛みを解決すれば、その人の中にある愛が、すなおにあなたに向けられます。ただその人は、少なくとも今は、そうするだけの勇気が持てていません。だからこそ、その人の中にある愛が、痛みや怒りで覆われてしまっているんです。

その人は、いつか自分のこころの痛みに向き合ってそれを解決するかもしれないし、一生しないかもしれません。でも、それはその人のことであり、その人が決めること。あなたの問題じゃありません。

人に会う前に、「わたしはこの人から愛されている」と自分に言い聞かせ、そう信じ込んでみませんか？　意外に効果がありますよ。わたしたちは、自分が愛されていると感じられるとき、人に優しくなれます。

第2章

実践編①

「一緒にいてラクな人」になれる10の方法

方法❶

相手の名前を呼ぶ

トイレの神さま

十八の春、大学浪人をすることとなってしまったわたしは、予備校で不安を感じていました。再び受験戦争が始まるという不安に加え、新しいクラスは知らない人ばかり。

そんなある日のこと。わたしがトイレで用を足していると、となりに並んだ前尾くんが、「古宮、次の時間は田中先生の英語やんな？」とわたしに話しかけてきました。

わたしは「うん、そうや」と答え、何気ない会話を交わしたのですが、そんななんてことのない一瞬を、わたしは今でも覚えています。

それはきっと、初めて話す前尾くんが、わたしの名前をさりげなく呼んでくれたからです。新しい環境で再び始まった受験戦争……。そんな不安だらけの心境の中、ふと名前を呼んでくれた前尾くんは、そのときのわたしには神さまに見えました。

ささいなことですが、名前を呼ぶことは、呼ばれる人にとってそれだけインパクトの大きなことなのです。

特に、わたしは慣れないクラスで心細かったし、話したことさえなかった前尾くんに名前を呼んでもらったことで、なおさら印象に残っているのでしょう。彼はおとなしくて口数の少ない生徒でしたが、ほどなく、クラスで好かれる人になりました。

きっと、他の生徒たちにも名前で呼んで話しかけていたのでしょう。

歌手の小田和正さんの曲に、『夏の日』というものがあります。

「君が僕の名前をはじめて呼んだ夏の日　僕は君を愛し始めてた」

この歌詞に込められたうれしい気持ち、想像できますよね。

好意的な関心を注ぐと、ラクな人になる

「この人、わたしのことが嫌いなのかな」と思うと緊張して疲れますが、その人が好意的だと分かったらラクになりますよね。

ですから、人から「ラクな人」だと思われるために大切なことは、**「どうやって自分が人から好かれようか」と考えることは一休みして、まずあなたから相手を好きになる**ことです。相手のことをいきなり好きになることはできなくても、好意的な関心を寄せることを心がけてみましょう。

あなたから人々に好意的な関心を向けるほど、あなたは「一緒にいてラクな人」になるし、人々からの好意的な関心が自然にあなたに集まってきます。

そして、手軽にできて、しかも「あなたに好感を持っています」という関心を効果的に伝えられる方法が、相手の名前を呼ぶことなんです。

わたしは大学の授業で、学生数が一〇〇名以内のときは、学期の最初の授業に名札とカラーマーカーを持っていき、学生たちに「あなたが呼ばれたい名前を書いて、あなたらしいユニークな名札を作ってください」と指示します。そして毎

週の授業でそれを胸につけさせて小グループの活動をさせます。

名札の効果は絶大です。学生たちがお互いの名前を呼び合うことでカタい雰囲気はすぐ和《なご》み、彼らは積極的に話し合いをするようになります。わたしの授業で友だちや恋人ができた、という学生たちの声も耳にします。

名前を覚える方法

人にとって、世界でもっとも心地良い響きを持つ言葉は自分の名前です。だから初対面の人と会ったら、相手の名前を覚えましょう。

ところが、「名前を覚えるのは苦

手」という人は多いもの。あなたもそうかもしれませんね。

でも、覚えようと努めれば覚えるのがぐんぐん上手になります。それに、上達のコツもあります。それは、相手の名前をこころの中で繰り返すこと。名前を教えてもらった直後に、こころの中で相手の名前を繰り返します。

相手「山本と申します」

あなた「はじめまして。わたしは竹内と申します」（こころの中で「ヤマモト、ヤマモト、ヤマモト……」）

そして、その人と別れたあとに、名前をこころの中で繰り返します。

（さっきの方はヤマモトさん、ヤマモトさん、ヤマモトさん……）

これを繰り返せば繰り返すほど、名前を覚えるのがどんどん得意になります。

それから、会話の中で相手の名前を口にしましょう。

「そうですか、九州のご出身ですか」「へえー、えびフライが好きなの！」と言う代わりに、

「そうですか、**工藤さんは**九州のご出身なんですか」のように。
「へえー、**真帆ちゃんは**えびフライが好きなの！」という具合に。

相手は内心うれしくて、あなたに好感を持ちます。それに会話の中で相手の名前を呼ぶと、名前を覚えやすくなります。何度もしつこくやりすぎると不自然になりますが、会話の初めのころに相手の名前を呼ぶと、自然ないい感じになります。

また、人に会ったときには、「**三上さん**、おつかれさまです」といった具合に、相手の名前を呼んであいさつをするといいですよ。

どうしても相手の名前が思い出せないとき

ばったり知っている人に会ったけど、名前が思い出せないときがあります。
気まずい場面……。どうすればいい？
わたしは人々にアンケートをとってみました。
「人から間違った名前で呼ばれるのと、『すみません、お名前が思い出せないんですけど、もう一度教えてもらえますか？』と尋ねられるのだったら、どちらがいいですか？」

すると、"正直に尋ねてもらうほうがいい"という意見がずっと多数派でした。尋ねると、「あなたの名前をちゃんと覚えたい」という誠意が伝わりますよね。それは同時に、「あなたは大切な人です」と伝えることにもなります。そしてあなたがそんな誠意を持って接すれば、同じように人を大切にする人たちとのご縁が深まります。

方法❷

感謝を伝えることに慣れる

ヒーローの正体

この日、あらゆる年代の男女たちが、ヒーローの登場を今か今かと待ちわびていました。

若い女性たち、子どもたち、老人たち、働き盛りの男たちなど、沿道を埋め尽くした大群衆は、ぎゅうぎゅうに詰めて立っています。

さらには、道路周辺の窓という窓から、人々が重なるように顔を出して道路を見下ろし、みな期待と熱気に満ちあふれているではありませんか。

市民たちは、ヒーローをなるべく近くで見ようと必死なのです。

さて、どれほど待ったでしょうか。ついにその道路を、重々しいオープンカーの列がゆっくりやってきました。待ちに待った大ヒーローの登場です！　人々は大歓声で叫びます。

「ハイル・ヒットラー！」

そう。市民たちを熱狂させた大ヒーローとは、あのヒトラー。彼は当時のドイツ国民から熱狂的に迎えられました。彼が演説すると割れんばかりの拍手が起こり、会場は熱狂のるつぼと化したと伝えられています。

ヒトラーは先頭のオープンカーから手を振り、大群衆は歓喜の笑顔を浮かべ、右手を高く上げて賞賛しました。当時、ドイツ国民はヒトラーを救いの神としてあがめ立てるとともに、彼に大いに感謝していました。ヒトラーがトップに立ってからドイツの経済は飛躍的に良くなり、国威の高揚も実感できたのです。

ヒトラーは権力や賞賛を求めるとともに、きっと感謝されることも強く欲していたはずです。彼は、あのおぞましい大虐殺でさえ、ドイツのために正義を行なっていると信じて実行していたのだと思います。そしてそのことについて感謝してほしかったはず。

どんな悪人だって、「あなたのおかげ」と感謝されたいのです。もちろん善良な一般市民のわたしたちだって、そうですよね。

デザートを持ってきてくれた田原さん

都会の空にまん丸な月が浮かぶ夜、雑居ビルの一角で会議が開かれました。

わたしを含め、二〇名ほどの臨床心理士たちが各職場から集まる会議でした。参加者の一人に田原さんという女性がおり、彼女はみんなのためにおいしいデザートを買ってきてくれました。各自仕事を終えたあとで空腹だった参加者たちは、会議が始まる前に田原さんの差し入れをパクパク平らげました。

そして長い会議は夜九時半ごろまで続き、ようやく終わったものの、参加者たちは「やっと終わった……」という安堵感ばかりがふくらみ、会議前に田原さんがデザートを持ってきてくれたことは、みんな忘れている様子でした。

わたしは、帰り支度をしていた田原さんに「田原さん、おいしいデザートをありがとうございました」と声をかけました。うつむいていた田原さんはハッとして顔を上げ、笑顔を見せてくれました。

わたしはその会議に新しいメンバーとして加わったばかりで、彼女に話しかけたのはそれが初めてのことだったのですが、わたしの言葉を聞いていた周りの人たちも「あ、そうそう、田原さん、ありがとうございました」と彼女に伝えていました。

彼女は名前を呼ばれ、さらに感謝の言葉も伝えられたことで、とてもうれしそうだったのを覚えています。そのとき以来、田原さんとわたしは打ち解けて話すようになりました。

誰もが欲しくてたまらないこと

感謝されること。それは、誰もがみんな欲しくてたまらないことなんです。

わたしたちは、感謝されないと幸せに生きてはゆけません。人間にとって、感謝されることはそれほど大切なことです。ですからあなたが感謝を示せば、とっても喜ばれる人になります。

だから、人に感謝を伝えましょう。小さなことでも、どんどん伝えましょう。

それが人に好意的な関心を注ぎ、相手に「あなたともっと仲良くなりたいです。あなたは大切な人です」というメッセージを伝える二つ目の方法です（一つ目の方法は相手の名前を呼ぶことでした)。

感謝を伝える練習

「感謝を伝えるといいってことは分かるけど、いざ実際にやるとなると、照れてできない……」と思うかもしれませんね。

特に、家族や仲の良い友だちなど、感謝をいちばん伝えたい大切な人ほど照れるもの。

だったらできる相手から始めてはどうでしょう。

とても良い練習場所はお店です。コンビニやレストランなどのレジでは、ほとんどの人はカタく無愛想な表情で、必要最小限の言葉しか交わしません。

たとえば、コンビニでお金を払う場面。

[よくある会話例]

店員　(機械的に)「いらっしゃいませ」

客　(黙って品物をカウンターに置く。店員の顔は見ない)……

店員「四三二円になります」
客（黙って財布から五〇〇円玉を取り出し、レジに置く）……
店員（機械的に）「五〇〇円のお預かりです……はい、六八円のお釣りです」
客（黙ってお釣りを受け取り、品物を持って立ち去る）……
店員（機械的に）「ありがとうございました」

でも、あなたが次にお店でお金を払うときには、左の例のように店員さんの目を見て、笑顔で「ありがとう」と言ってみてはいかがでしょう？ レジの人も、ちょっとうれしそうな表情であなたを見ることが増えるはずです。

［わたしの提案する会話例］

店員（機械的に）「いらっしゃいませ」
あなた「これをください」（店員さんの顔を見て、はっきり聞こえる声で言う）

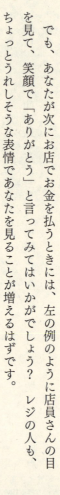

店員　「四三二円になります」
あなた　（店員さんに話しかけるようにはっきり言う）「じゃあ五〇〇円でお願いします」
店員　「五〇〇円のお預かりです……はい、六八円のお釣りです」
あなた　（笑顔で、しっかり店員さんの目を見て）「ありがとう」
店員　（ちょっとうれしそうに）「ありがとうございました！」

こうして実践するほど、感謝を伝えることに慣れます。それに、意外に照れるほどのことではないんだな、と思うようになります。
また、メールなら面と向かって言うよりも感謝は伝えやすいですよね。もしくは小さな「ありがとう」のメモを相手に渡す方法もあります。
そうして感謝を伝えることに慣れたときには、言葉でも相手に直接伝えてみましょう。

そんなふうに、人に感謝を伝えるほど、人はあなたからこころの壁を取り去ることができるようになります。一緒にいてラクな人になるのです。

ですからあなたの周りにいる、あの人にもこの人にも、小さなことでいいので感謝を伝えてみましょう。感謝や幸せな気持ちを人に与えるほど、あなたにもそれがたくさん返ってきます。

方法③

相手の良いところを見つけてほめる

言うことを聞かない恵美ちゃん

「どうしてお兄ちゃんにちょっかいを出すのっ!!!」

三歳になる娘の恵美ちゃんに、妙子さんは今朝も怒鳴ってしまいました。

恵美ちゃんは、二つ上のお兄ちゃんの食べ物を横取りしようとしたり、気に入らないことがあるとスプーンを床に投げつけたりします。それによって兄妹はけんかとなり、妙子さんはホトホト困り果てているのです。そしてお兄ちゃんにちょっかいを出した恵美ちゃんを叱りつけると、彼女は「うえーん！」と大きな声で泣き出す……こういう光景は、妙子さんの家庭では日常茶飯事になってしまいました。

子どもが親の言いつけを守らなくなる理由はいろいろあります。

たとえば、夫婦関係が悪かったり、親がイライラしていたりすると、子どもはさまざまな心身の問題を持つようになります。そして、かんしゃくを起こす、反抗的になる、過剰におとなしくなる、さらには発熱したり腹痛を訴えたりする、学校に行けなくなる、などの状態になることがあります。

また、ぜんそくや過呼吸、朝起きられない、などの問題に、親との関係によるこころの負担が関係していることも珍しくありません。

子どもは親の関心を求めてやまない

また別の原因として多いのは、子どもが親の言う通りにしているときは関心を向けず、背《そむ》いたときにばかり関心を向ける、という親の行動パターンです。

妙子さんもそうでした。恵美ちゃんは、言われた通りにしていることもよくあるのです。おとなしく食事をしたり、お客さんが来ているときは静かに遊んだり、お買い物に行ったときにはお父さん、お母さんに従って一緒に歩いたり。

ところが、そういうときは妙子さんは他のことに気をとられてしまい、恵美ちゃんに関心を向けません。

子どもは親の関心を強烈に必要としています。子どもにとって何よりつらいのは親に無視されること。ですから子どもは、親と楽しく遊んだりほめてもらったりするというプラスの関心が得られないなら、たとえ叱られるというマイナスの関心であっても、それを得ようとするのです。

ですから、子どもが言いつけ通りにしているときよりも、言いつけに背いたときに親が大きな関心を向けていると、子どもは言いつけに背くようになります。親の愛情に飢えているからです。

ほめられることのあまりない教師たち

何かをちゃんと正しく行なったときは、当たり前だと思われて何も言われず、または言ってもらえても、せいぜいおざなりの「ありがとう」ぐらいなのに、失敗したときだけ指摘される。そんなことは、大人の世界にもとても多いもの。

中学・高校の教育長から、先生がたの研修を頼まれたときのことです。事前打ち合わせの席でいろいろとお話をうかがっているうちに、問題の多くは、先生がたが批判されることが多すぎて疲れていることから生じているのではないか、と思い至りました。

そこで研修の一部として、先生がたを小グループにして一人ひとりの良いところ、よくがんばっているところをお互いに見つけ合い、それを認める言葉をかけ合う、という活動を取り入れました。

効果は抜群でした。研修室は笑顔でいっぱいになり、場の雰囲気は一気に盛り上がりました。

参加した先生がたは、「わたしたちの仕事って、うまくやって当たり前。ほめてもらえることがほとんどないんです」とおっしゃっていました。きっと、そういう状況だと子どもたちをほめるゆとりも減ってしまうのだと思います。

批判と責めを、感謝とほめ言葉に変えてみよう

あなたの周りにいる人たちに、批判と責めではなく感謝とほめ言葉をかけるとき、あなたはみんなが求めているオアシスになります。そんなあなたは一緒にいてラクな人になります。

人を責めるほど、状況は悪くなります。

みんな、責めと批判を受けるよりも、感謝とほめ言葉をもらうほうがずっとイキイキしてやる気になります。それは大人も子どもも同じこと。

ある男性の経験

ある男性が、こんな経験を教えてくれました。

「かつて学生のときにしていたアルバイトでは、チームリーダーは叱ってばかりでほめることはありませんでした。怒られるたびに、なぜ自分はマジメに仕事をしているのに怒られないといけないのかと不満を感じ、仕事への熱意は薄れていったと思います。その先輩のことは嫌いだったし、彼の下で仕事をがんばろうとは思えませんでした」

そう語る彼のことを「考えが甘すぎる！　なってない！」と批判するのはカンタンです。また叱られて奮起する、そんな人間関係だってもちろんあります。でもそれは、指導される側の人に、相当の覚悟と、その仕事で一流になろうという熱意があり、さらに、指導する人が高い信頼を勝ち得ているときだけ。

そんな人間関係はすごく少ないものです。ほとんどの人間関係では、責めたり非難したりすると、ものごとを悪くします。

わたしたちはみんな、自分の良いところを分かってほしいし、長所を認めてほしいもの。

なのに、誰も人の良いところを見つけようとしないし、見つけても、本人には言わないことがほとんど。人は誰だって、良いところがたくさんあるのに。

だから今日から、人の良いところを見つけて、それをほめませんか?

何をほめればいい?

ほめるのは、小さなことでいいのです。

たとえば、ファッションに関心のありそうな人には、服装の良いところを積極的に探して、教えてあげましょう。髪型がちょっと違ったら、「似合うね」とか「前髪を切ったんだね」と言ってあげましょう。

ある女性は、職場の人たちの化粧のしかたや髪型の変化を見つけようと思って、いつもよりもずっと気をつけて見たのだそうです。すると、今までなら気づ

「モノではなく人をほめる」のがコツ

△ モノをほめる

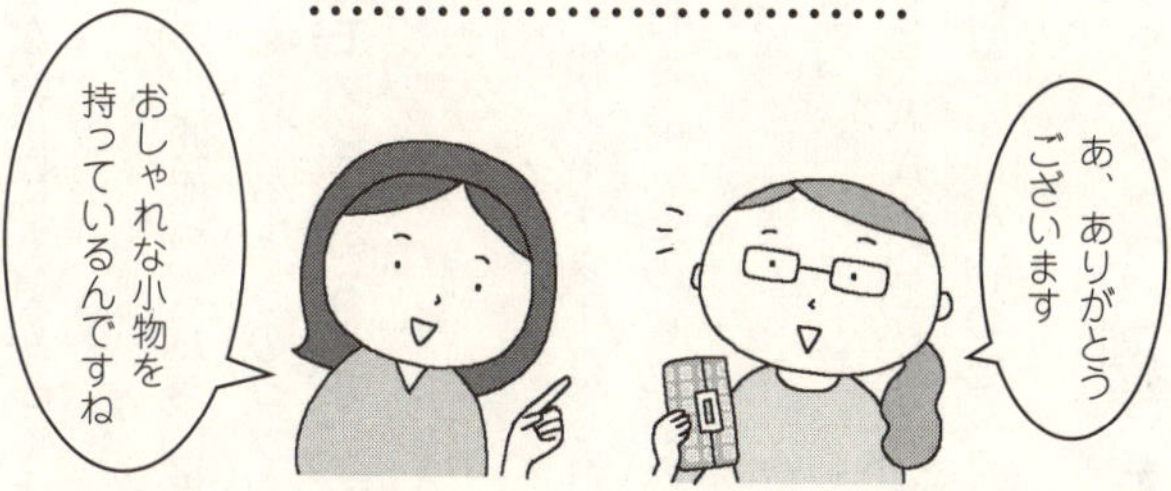

○ 人をほめる

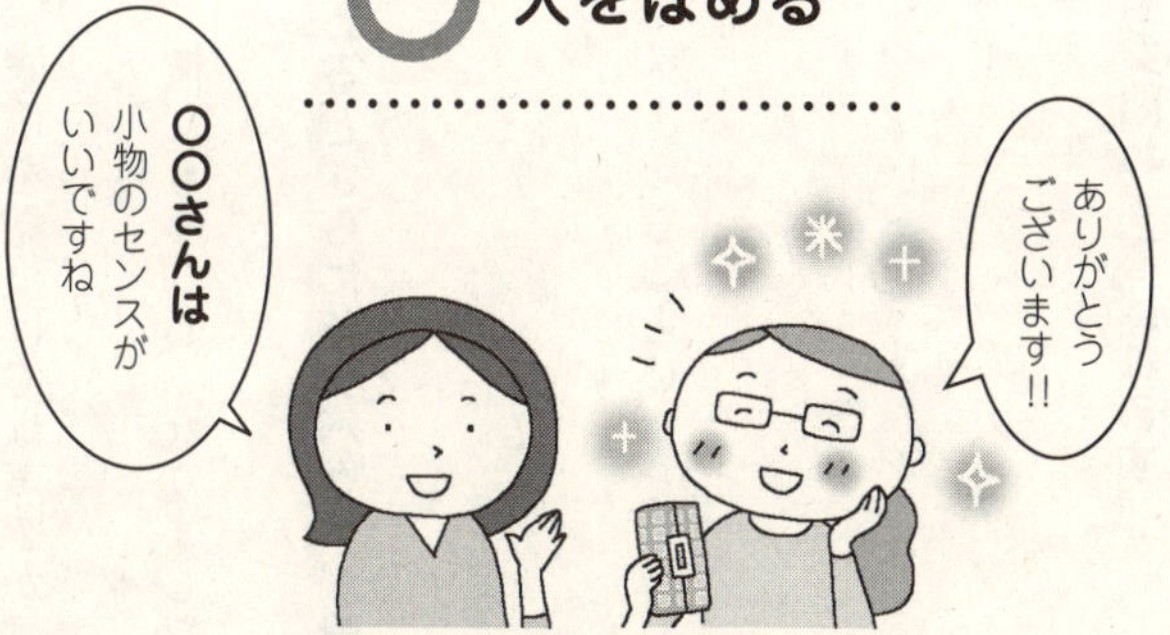

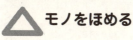

かなかった小さな変化にも気がつくようになり、変化を見つけては声をかけるようにしました。

そうしたところ、同僚の人たちは喜んでくれ、彼女もうれしくなりました。

ここで、外見をほめるときのコツを一つ。

服や髪などのモノをほめるより、その人をほめるとさらにインパクトが強くなります。

弱い例「その紺のセーターはきれいな色ですね」

強い例「木村さん、そのきれいな紺色のセーターを着るといっそうきれいですね」

弱い例「おしゃれな小物をたくさん持ってらっしゃるんですね」

強い例「田口さんは小物のセンスがいいですね」

それからコツをもう一つ。**「品《ひん》」をほめると男女問わず喜ばれます。**

「竹田さんは品がありますね」

「三井さんは上品なおしゃれをされますね」


また、人の良いところは、服装や持ち物以外にも探せばたくさんあるものです。良いところを見つけて、それを言葉で伝えましょう。

「森さん、あなたがいると周りが明るくなるからうれしいです」

「中尾さんの机はいつもきちんと片付いていますね。だから仕事が速いんですね」

「おいしそうなお弁当！　大西さんは料理がお上手なんですね」

「川田さんの笑顔ってステキです！」


面と向かって言うことが難しければ、前項の「感謝を伝えることに慣れる」のところでもお伝えしたように、メールにするか小さなメモにして伝えてもいいでしょう。

ここで、注意！

ここで、注意してほしいことがあります。お世辞を言ってはいけません。お世辞にはウソがあるし軽薄です。ウソを言うのではなく、その人の良いところを見つけ、誠意を持って言葉にしましょう。「その携帯ストラップ、かわいいですね！」といったささいなことでかまいません。本当のことを伝えましょう。

それから、もう一つ大切なことがあります。

それは、ほめた見返りにあなたのことを好いてくれるかどうかを気にするのではなく、ただ、あなたが良いと思ったからそれを言葉にする、ということです。そうじゃないと、すなおに人をほめることができませんよね。「こう言ったら好いてくれるかな？」という不安の気持ちでほめ言葉を伝えると、押しつけがましくなったり、ウソっぽくなったりします。

ですから、相手の良いところを見つけて、ただそれを言葉で伝えましょう。その結果、その人があなたを好いてくれるかどうかは、どうでもいい。そう開き直って伝えましょう。

大切なのは、他人がどう思うかではなく、あなたが、今までよりも自分のことが好きだと思えること。自分で好きだと思える自分に近づくほど、結果として、あなたは「一緒にいてラクな人」になります。それに、人の良いところを見つけるのが上手になるほど、あなた自身の良いところを見つけるのも上手になります。

また、相手に何かをさせようという意図からほめるのもやめましょう。たとえば、親が子どもに勉強させようとたくらんで「テストの点が良かったわね」とか、「あら、よく勉強してるわね」と言うことがあります。でも子どもには親の魂胆が見えますので、すなおにうれしいとは思えません。

相手の良いところに気づいたから、ただそれを伝える。それが大切です。

あなたはこのあと、誰と会いますか？　さっそく、その人の良いところを教えてあげてはいかがでしょう？

方法④

からだを緩め、深く呼吸する

戦闘・逃走モード

近所でライオンや熊に遭遇したことがありますか？

そんな「まさか」のことが、七百万年前は「日常」だったのです。

地球上に人類が誕生した七百万年前、人間は日々、命の危険にさらされていました。

猛獣と遭遇したり、他の部族と戦いになったり。食料となるマンモスを捕まえる戦いも、命がけであったことは言うまでもありません。

そんな恐ろしい日常の中で、人類は危険に対して即座に対応する能力を身につけました。

腹をすかせたライオンがやってきたときや、他の部族が攻めてきたとき、「緊急事態だ！」と判断したからだは、即座に「戦闘・逃走モード」のスイッチを入れることを覚えたのです。

そして、そのスイッチが入ると、わたしたちのからだに異変が起きます。走って逃げたり戦ったりできるよう、心臓がバクバク激しく打って筋肉への血流を増やし、筋肉活動が最大限に働くようになるのです。それとともに、筋肉はグッと力を入れて緊張します。さらに、酸素を短い時間にたくさん取り込んで激しい運動ができるよう、呼吸は浅く速くなります。

そうなると眠気はふっとび、胃や腸は動きを停止し、性欲も低下します。さらには、ケガをしても出血多量にならないよう、毛細血管が縮んで皮膚表面の血流を抑えます。

わたしたちのからだには、長い歳月にわたる生存と進化の過程で、危険を察知すると、このような変化を自動的かつ即座に起こす、素晴らしい生存システムが備わっているのです。

心理的な危険でも、からだは「戦闘・逃走モード」に入る

でも、現代のわたしたちが日ごろ感じる危険は、肉体的なものはあまりありません。ライオンが襲ってくる危険は動物園の飼育係じゃなければ味わうことがないし、となりの部族がヤリを持って攻め入ってくることもありません。

わたしたちがよく遭遇する危険は、ほとんどが心理的なものです。友だちに嫌われる、上司に叱られる、仕事上のミスをする、テストに失敗する……など。

そしてわたしたちのからだは、たとえ心理的な危険であっても、また、現実には起きていない想像上の危険に対してさえ、「戦闘・逃走モード」に入るようになっています。「危険な状況だ」と感じると、呼吸が浅くなり、からだが緊張し、消化器官は働きを止め、眠りづらくなるようにできているのです。

そして現代のわたしたちが多く感じる心理的なストレスの一つが、「悪く思われたらどうしよう」「好いてもらえるかな」などと不安に思うことです。わたしたちはそういうとき、からだが緊張し、呼吸が浅くなります。

そして、そんなからだのありようは周囲に伝わります。そういう人と一緒にい

ると、こっちにまで緊張が伝わり、呼吸が浅くなるんです。すると、一緒にいるだけで疲れます。

わたしたちは警戒心の強い人と一緒にいるとき、そんな緊張を感じています。そしてなんとなくイヤだと無意識的に感じ、一緒にいることを避けようとしています。ですから警戒心の強い人には人があまり寄ってこないし、寄ってきたときも楽しい雰囲気にはなりません。

深くゆったり呼吸してリラックスしましょう

だけど、人と一緒にいるとき、「リラックスしよう」と思っても、よけいに緊張してしまいますよね。肩の力を抜こうとすればするほど、逆に意識しすぎて力が入ってしまったり。そんなときは、まず息を長く吐きましょう。そしてラクに吸って、また深く長く吐きます。

こうして深くゆっくり呼吸をすると、こころの緊張もほぐれます。そして**わたしたちは、リラックスしていて呼吸も深い人と一緒にいるとき、なんとなくラクで心地良く感じます。**

緊張したときは「呼吸」を意識しよう

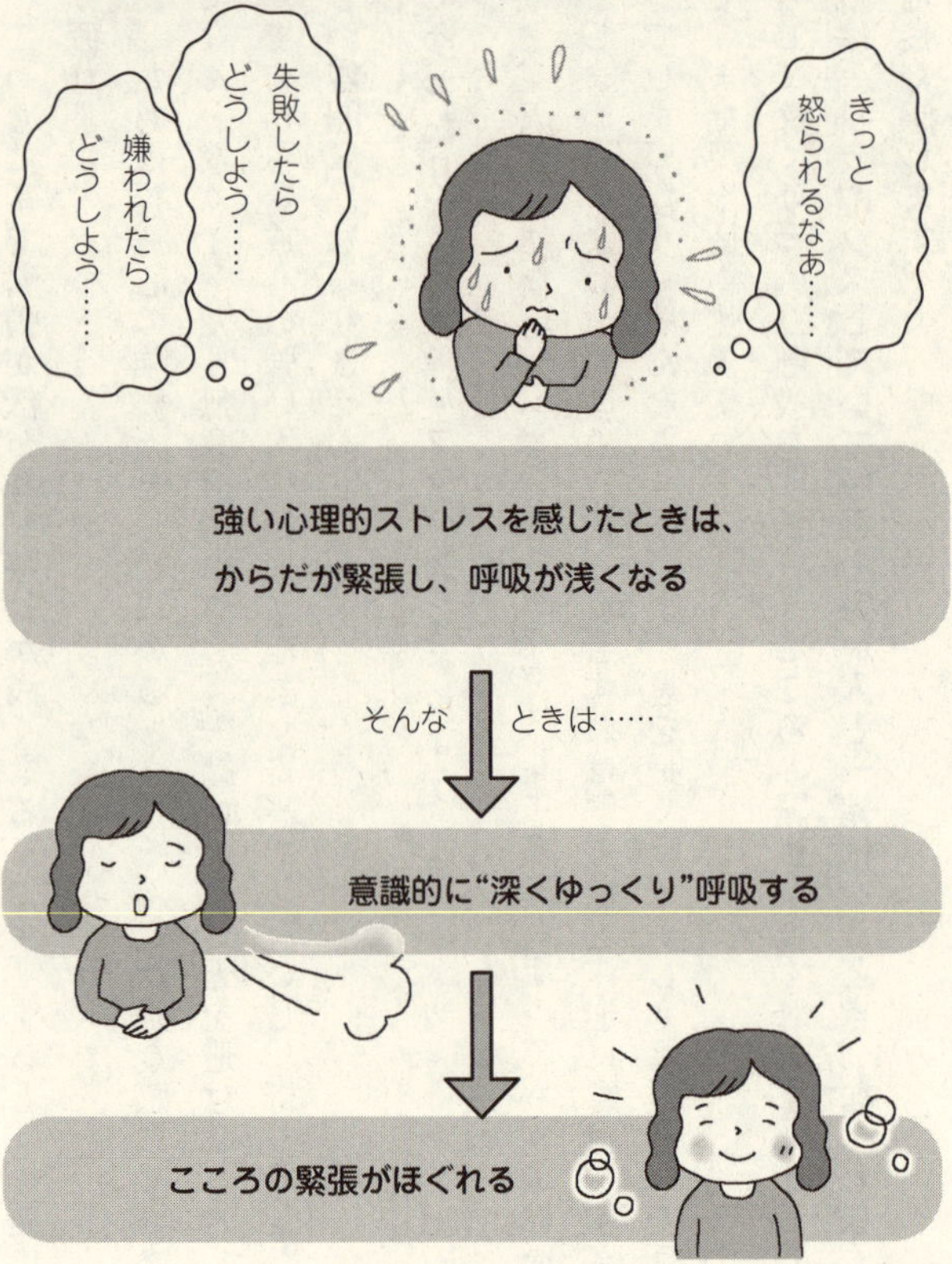

きっと怒られるなあ……
失敗したらどうしよう……
嫌われたらどうしよう……
強い心理的ストレスを感じたときは、からだが緊張し、呼吸が浅くなる
そんなときは……
意識的に“深くゆっくり”呼吸する
こころの緊張がほぐれる

今、呼吸に注意を向けてみてください。吸った息は深くお腹の下のほうまで入っていますか？　そして深く吐いていますか？　呼吸のペースはゆっくりですか？　今ゆっくり、ゆったり、深い呼吸をしてみましょう。

そして、日常の中でときどき深呼吸の時間を取りましょう。ときどき、意図的にゆっくり深く吐き、ゆっくり吸ってみましょう。すごく大切なことです。

また、温かい蒸しタオルを、鎖骨を覆うように当てたり目に当てたりするのも、すごくいいことです。[1] 続けるうちにからだがリラックスするようになります。またヨガや太極拳を習ったり、瞑想したりするのも、とってもいいことです。

こういうことを続けるうちに、だんだんリラックスできるようになります。

1　蒸しタオルを鎖骨に当てるとリラックスして呼吸が深くなることは、セルフ整体術「天心会」の吉田直樹氏に教えていただきました。ありがとうございます。

方法⑤

安心感を与えるボディランゲージを使う

ボディランゲージは無意識的に伝わる

百獣の王と呼ばれるライオンは、その名のごとく、アフリカの大地をのっしのっしと堂々と歩いています。そんな光景を、誰もが一度はテレビで観たことがあるでしょう。

どっしりとした動きは、なんの恐怖もないかのような、ゆったりした風貌です。

それとは逆に、広い大地でチョコチョコとすばやい動きをする草食動物のインパラは、首を下に向け、せわしない動きでむしゃむしゃと草を食べています。そのような姿は、百獣の王と呼ばれるライオンとは真逆で、いつも何かに怯えているかのよう。

人間も同じで、小さな動作でチョコチョコ動く人は、怯えている雰囲気を周囲の人に伝えてしまいます。近くに危険が存在すると感じているかのように見えます。

そのため、そういう人と一緒にいると、なんとなく安心できません。

逆に、ライオンのように大きくゆったり動く人は、安心感を醸し出します。

わたしたちは、姿勢や身振り手振りなど、他人のボディランゲージを見て、その人について多くの情報を受け取っています。「この人は明るくて気楽につきあえそうだな」とか、「この人は自信がないし、人にあまり興味がなさそう」「この人はこころに余裕のある人みたい」など。

ところが、自分がそのように判断しているということが分かっていません。つまりボディランゲージはほとんどが無意識のものであり、それが恐ろしいところなんです。そしてボディランゲージが悪いとすごくソンをします。その例をお話しします。

会議で集中砲火を浴びる小谷教授

ベテランの老松教授があるとき、わたしにこう尋ねてきました。

「小谷教授は、どうして教授会でみんなからあんなに攻撃されるんだろうね」

と言うのも、小谷教授が教授会で発言すると、教授たちから批判されることが何度も続いたからです。

「小谷先生ねー、あなたはぜんぜん分かってないよ!」

「小谷先生、何を言ってるんだ! そんなことを言ってるから改革が進まないんじゃないか!」

なぜ小谷教授はあんなに攻撃されるのだろう? あのときのわたしは老松先生の質問に答えられませんでした。でも今なら原因が説明できます。

猫背で肩をすぼめて発言する小谷教授

わたしは、小谷教授が発言するときの様子を観察しました。すると、小谷教授は肩をすぼめ、猫背になって発言していることに気がつきました。

また、両肘をすぼめて机につき、上体を前かがみにして話すこともよくありました。

それに視線は、チョコチョコと下を向いたり前を見たり横を見たりして定まらないし、座ったまま手や上体を小さくちょこまか動かすのです。

まさにインパラの動き！　小谷教授がボディランゲージを通して他の人たちに発散しているメッセージは、「わたしは攻撃される弱い人間です」というものだったのです。

小谷教授と対立する攻撃的な教授た

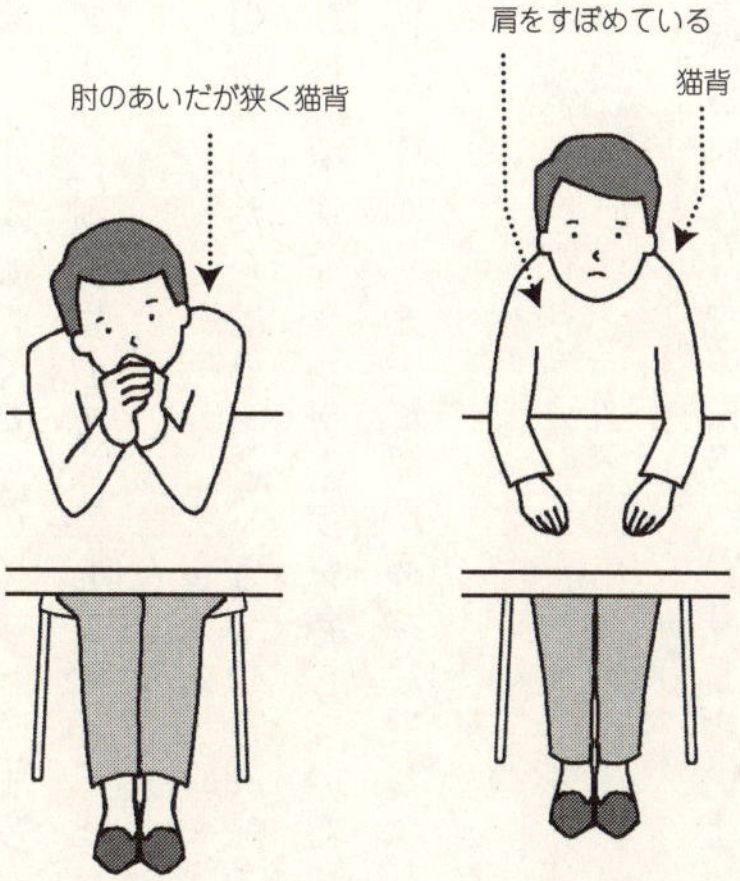

ちがいました。彼らはそんな小谷教授を見ると、攻撃したくなるのです。でも攻撃する教授たちも、小谷先生のボディランゲージに触発されて攻撃していることには気づいていなかったでしょう。

わたしはかつていじめられっ子でした。当時のわたしはきっと、うつむき加減で視線はキョロキョロし、猫背気味で、弱々しいボディランゲージを発していたと思います。それによっていじめっ子の攻撃を誘発していた点があったでしょう。

わたしの、会議でのボディランゲージ

わたしは議長をすることが多いので、攻撃されたりバカにされたりしないよう、自分の会議でのボディランゲージに気をつけるようになりました。すると、会議で攻撃されることがほとんどなくなりました。

では、どんなボディランゲージが人に安心感を与えるのでしょう。それをお伝えします。

●安心感を与えるボディランゲージ1：歩くとき

まず背すじを伸ばします。そして意識して両肩を引き下げます。引き下げる引っ張り感が首か肩あたりに感じられるほどまで、肩を下げます。首は弱い部分なので、わたしたちは危険を感じると、首を守ろうとして無意識のうちに肩を上げます。ですから肩を引き下げて首を見せると、「わたしは余裕のある人間です」というメッセージを周囲に送ることができるのです。

ただしそのとき、肩を前にすぼめて引き下げることのないよう注意しましょう。また、胸を無理に突き出して張るのも、腰に負担がかかるのでよくありません。シャキッと自然に胸を張ったまま、肩を引き下げましょう。

そして歩くときは、顔を上げ、前をぐっと見据えて歩きます。キョロキョロしてはいけません。

ここまでは男女とも同じ。次に男女で違う点があります。

男性は大股で歩きましょう。それが強さを示します。

男性には、ぜひ次の実験をしていただきたいです。人通りの多い繁華街などを、まずはインパラ式に歩きます。肩をちょっと上げるようにしてすぼめて前かがみになり、顔はうつむき加減にして小股でチョコチョコ歩きます。すると、歩行者としょっちゅうぶつかりそうになるので、人をよけなければなりません。

次に同じ人混みの中を、さきほどわたしがお伝えしたからだの使い方で堂々とまっすぐ前を見据えて大股で歩いてください。するとどうでしょう！ 人々がよけてくれます！

男性はぜひこの実験をしてみてください。余裕のある男のボディランゲージがどれほど大切かが分かります。なお、女性が大股でさっそうと歩くと、あまり女性らしく見られません。もし女性らしく見られたいなら、小股で歩くほうがいいでしょう。

●安心感を与えるボディランゲージ2：椅子に座ったときと、立ったとき

椅子に座るときは猫背にならないよう、すっと背すじを伸ばしましょう。そして前をきりっと見ます。そして、歩くときのように両肩を引き下ろします。前かがみにならないよう気をつけましょう。

ここからは男女で違います。男性は椅子の背もたれにどっしりからだをあずけてもかまいません。ただし女性がそれをすると尊大な印象を与えて敬遠されることもありますので、そんなふうに見られたくないときは気をつけてください。

また、男性は広いスペースを取ることを意識しましょう。社会階層の中で上位の人間ほど大きな場所を取るからです。脚を開き、机上の腕は広げて置きます。男性らしい自信とゆとりある印象を与えます。

ただし女性の場合は、大きなスペースを取らないほうが違和

感なく見える傾向があります。ですから、女性らしく見られたいときには、脚は閉じ、机上の腕も狭く置くほうがいいでしょう。

立っているときは、男女とも猫背にならないよう、頭のてっぺんから糸で真上に引っ張られているかのように背をすっと伸ばしましょう。すると周囲の人に、卑屈な印象ではなく落ち着いた印象を与えることができます。

「開いた」ボディランゲージと「閉じた」ボディランゲージ

わたしたちは、相手と仲良くなりたいと思っているかどうかを、ボディランゲージによって伝えています。

「仲良くなりたいです」という好意的関心を伝えるのは「開いた」ボディランゲージで、次の動作がそれに当てはまります。からだを相手にまっすぐ向ける。前のめりになる。手のひらを見せる。

その反対が「閉じた」ボディランゲージです。「あなたに関心はありません」というメッセージを伝えるもので、次の動作がそうです。両肩を結ぶラインを相手に向けて正対《せいたい》させるのではなく、やや右か左に回して少し斜めを向ける。または背を向ける。相手から遠ざかるようのけぞる。手のひらではなく甲を見せる、または手を隠す。

一緒にいてラクな人になるには、開いたボディランゲージと笑顔が大切です。自分では気づかないうちにボディランゲージが閉じている人がいます。これからは、人と会話をするときに、開いたボディランゲージを意識して使いましょう。

しかし、相手があなたと距離を保ちたいときに、開いたボデ

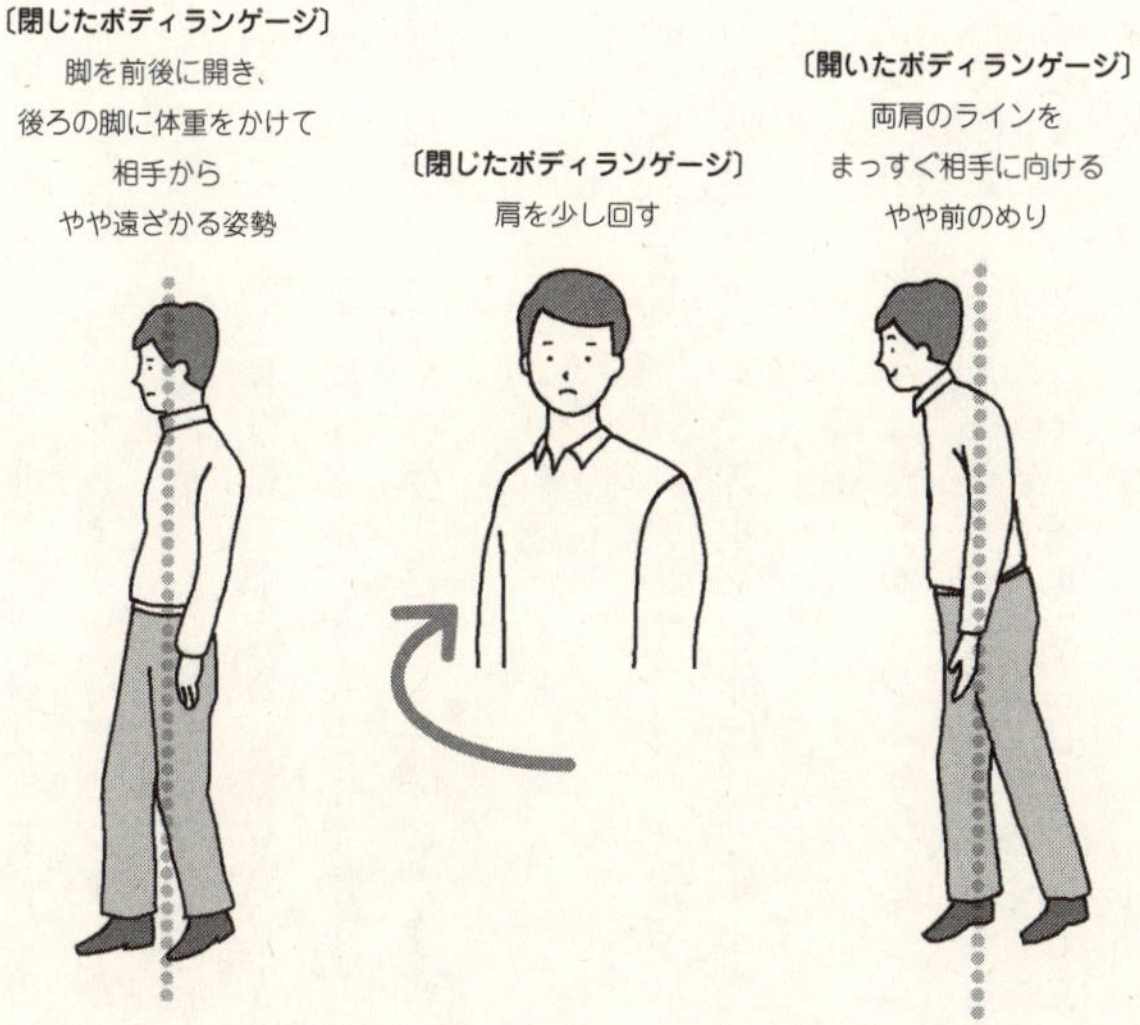

〔閉じたボディランゲージ〕
脚を前後に開き、
後ろの脚に体重をかけて
相手から
やや遠ざかる姿勢
〔閉じたボディランゲージ〕
肩を少し回す

両肩のラインを
まっすぐ相手に向ける
やや前のめり

ィランゲージばかり多用すると、相手はなんとなく居心地が悪くなります。

ですから、相手のボディランゲージがあなたに対してあまり開かれていないときには、あなたも閉じたボディランゲージを交ぜましょう。たとえば、椅子の背もたれに時おりもたれるとか、立ち話をしているときは脚を前後させて立ち、ときどき相手から遠ざかるよう後ろの脚に少し重心を移すとか、ずっと相手に正対したまま話すのではなく、少しずつ肩の角度を変えて、相手に対して開いたままにならないようにする、など。

前の項でお伝えしたように、人と話をするときは、からだの力を抜いてリラックスすることがとても大切です。深い呼吸をしながら、背すじを伸ばしてゆったりした動きをするよう心がけましょう。

そして相手に警戒心を持たせないよう、開いたボディランゲージを使いましょう。ただ、あなたばかりが相手に比べて不釣り合いに開いたボディランゲージを使いすぎると、相手には押しつけがましく感じられます。その場合には、閉じたボディランゲージも交ぜてくださいね。

方法⑥

笑顔を三割増しにする

部下がミスばかりして困る岩山係長

ある専門分野の技師として、今の会社に入った岩山係長。

技師としての能力が高い岩山係長は、堅実な仕事ぶりが会社に評価され、出世して今の役職に就きました。ただ、それまでは機械が相手の仕事だったため、対人スキルをそれほど必要としないまま、責任ある今の役職に就いてしまったのです。

そんな岩山係長の前に、大きな壁が立ちはだかりました。

人の上に立ち、人材管理の責任が増えた今の岩山係長には、彼の弱みでもある「人間関係」の能力が必要とされ始めたのです。

部下たちがミスを連発したり、重要なことを報告しなかったり、連絡の行き違いがあったり……。このままでは、岩山係長が上司としての資質を疑われてしまうかもしれません。

岩山係長は、デキの悪い部下たちが悪いのだと思っています。

でも、岩山係長の部下にミスが多い理由は、実は岩山係長自身に問題があったのです。

部下たちは岩山係長と距離を取るようにしていました。なぜか。その最大の理由は、笑顔が乏しく表情も怖いことだったのです。岩山係長は、まさかそんなことがミス多発の一因だとは想像さえしていませんでした。

そもそも、部下というものは上司と一緒にいてラクには感じないものです。上下関係においては、下の人のほうが、上の人よりも権力の差をより大きく感じてしまいますから。

岩山係長はそれに輪をかけて、カタくて怖い表情が一因となり、一緒にいてラクじゃない人でした。それが部署の運営に支障をきたしていたのです。

もし彼が部下と笑顔で接していれば、上下の関係はより良くなり、トラブルの多くも事前に回避できていたことでしょう。

第一印象を良くする最高のアイテムとは?

沙紀さんは二十代のOL。そこそこ美人でスタイルもよく、ファッションにも気を使っているので、いかにも男性からモテそう。

ところが彼女は意外にモテないんです。その理由は第一印象が悪いから。笑顔がないんです。

よく言われることですが、第一印象はとっても大切。沙紀さんもそれは知っているので、きれいに化粧をし、つやつやの髪も上手に手入れして、おしゃれもしています。

ところが彼女はふだんムスッとしているため、人があまり彼女の近くに集まりません。

第一印象を良くする最高のアイテムは、化粧より、ヘアースタイルより、服より、笑顔なんです。

〝話しかけやすい人〟の共通点

そのことをある大学院生が実証しました。その大学院生は初対面の人たちを部屋に集め、

「この中でいちばん話しかけやすそうな人と、いちばん話しかけにくい人を選んでください。そして、どうしてそう思ったのかを、紙に書いて説明してください」

と指示しました。

すると〝話しかけやすい人〟に選ばれた人は、

「笑顔だったから、こちらに関心を持ってくれそう」

「表情がやわらかいから、わたしの意見を受け止めてくれそう」

などと判断されていました。

反対に、〝話しかけにくい人〟は、

「目が合ったとき、笑顔じゃなかったから、好意的でなさそう」

「表情が乏しくて無愛想。陰で悪口を言ってそう」

などと思われていました。

笑顔じゃない人は、知らないうちに悪く思われているんです。表情がカタかったり、暗い表情をしたりしていると、周囲の人はなんとなくあなたに警戒心と不信感を抱きます。

わたしは講演のとき、笑顔を作って話すよう心がけています。そのほうが聴衆の雰囲気が明らかに和むのを感じます。

笑顔の人は幸せになる

カリフォルニア大学バークレー校と言えば、世界に名だたる名門大学。その心理学者チームが、ある女子大学の卒業生たち一四一名を追跡調査しました。

彼女たちが二十七歳、四十三歳、五十二歳になったときの三回にわたって手紙を送り、健康状態、家族関係、仕事などさまざまなことがらについて報告してもらったのです。

また、彼女たちの卒業アルバムを入手し、そのアルバムの写真が笑顔だったかどうかも見ました。

すると、興味深いことが分かりました。
大学の卒業アルバムに笑顔で写っていた女性たちのほうが、むっつり顔だった女性たちよりも、既婚率が高く、夫婦関係についての満足度も高いとともに、二十七歳、四十三歳、五十二歳のすべての時点で、人生への満足度も、人間関係も、ストレス対処も、健康状態も良く、日ごろの生活でマイナスの感情を感じることも少なかったのです。
つまり、大学生のときに笑顔の多かった人は、それから何十年たったときでもより幸せだったのです。[2]
このことだけでも、笑顔を多くする十分な理由になるんじゃないでしょうか。

笑顔を作るコツ

笑顔が多くて表情の緩んだ人は、一緒にいてラクです。反対に、無表情な人や表情の暗い人と一緒にいると、こっちまで気持ちがカタくなります。

だから笑顔はとっても大切。

でも、「笑顔になりましょう、なんて言われても、ひきつった作り笑いになったり、卑屈な感じの笑顔になってしまいそう。だから笑顔って言われても……」と思うかもしれませんね。

でも、作り笑いでもいいんです。ここでは笑顔を作るコツを二つお伝えします。

一つ目。人に会う前に、くちびるの両端を「ニッ」と引き上げます。そして、さらにそこから三割増しの笑顔を作ること。自分では良い表情をしているつもりでも、意外に足りていないもの。だから笑顔を三割増しにするんです。そこまですると、人からもあなたが笑顔だって分かります。自分では笑顔のつもりでも、ほとんどの人は足りません。ですから、笑顔を浮かべ、さらにそこからもっと大きな三割増しの笑顔を、意識して作りましょう。

二つ目のコツ。それは目元に笑顔をたくわえる、という意識で笑顔を作ること。人のいる部屋に入るときに、目元に笑顔をたくわえるつもりで表情を作って入ります。オフィスや会議室に入るとき、カフェに入るとき、パーティーなどプ

2　この研究の出典は、本書巻末「参考文献」をご参照ください。

ライベートな集まりの場所に入るとき、など。

人との交流は、面と向かって話す前から始まっています。あなたがカタくて暗い表情をしていると、人はあなたを見て、「あの人は気難しそう」と感じます。すると、話をする前からあなたは、「一緒にいて気を使わないといけない疲れる人」と思われてしまうんです。

ですから、人と話をする前から目元に笑顔をたくわえていましょう。笑顔で優しい表情でいると、あなたは気楽な雰囲気をまとうことになります。その雰囲気があれば、人は気を使わなくて済むのでラクになるんです。

笑顔を三割増しにすることと、人と会う前に目元に笑顔をたくわえること。この二つは習慣にする必要があります。それをクセにすることが大切です。ふだんから努めて行なうようにしてくださいね。

「喜びの笑顔」と「怯えの笑顔」

また、笑顔には大きく分けて二種類あります。一つは、ここでわたしが取り上げている「喜びの笑顔」。それが人にラクな印象を与えます。

でも、ラクな印象を与えない笑顔もあります。それは「怯えの笑顔」です。「わたしは弱いから攻撃しないでください」というメッセージを伝える笑顔です。

それはどんな笑顔かというと、あごを突き出して頭を低くし、ニタニタ笑うのがそれ。またはあごを突き出すことはなくても、卑屈な表情の笑顔がそうです。「怯えの笑顔」は、神経質で媚びている印象を与えます。そんな笑顔をする人は、一緒にいて疲れます。

鏡を見ながら、ゆったり深く呼吸をし、からだの力を抜いて、笑ってみましょう。頭をペコペコ低くするのではなく、男性も女性も、背すじを伸ばしたまま堂々と笑顔を浮かべましょう。それが喜びの笑顔で、人に安心感を与えます。

方法❼

優しく穏やかに話す

言葉より語るもの

女性は、いつ何どきでも恋人の愛情を確かめたい。そう思うのではないでしょうか。

恋人ができたばかりの美香さんは、今日も彼に「わたしのこと好き？」と尋ねました。

すると彼は、いたずらっぽく「き・ら・い」と答えました。

美香さんが求めていた言葉とは真逆の返事がきたにもかかわらず、美香さんはとてもうれしそうです。いったいなぜでしょう。

それは、「きらい」と言いながらも、彼は美香さんを優しく抱きしめ、耳元でいたずらっぽくささやいていたからです。たとえ「きらい」と言われようと、声のトーンやぬくもりによって、美香さんには彼の愛情がしっかりと伝わっていました。

しかし、そんな幸せいっぱいの二人が、ある日けんかをしてしまいました。

彼の愛情を再確認したかった美香さんは、以前のように「わたしのこと好き？」と尋ねると、彼は今度こそ「ああ、好きだよ！」と答えたのです。

けれども、美香さんはとても悲しそう。なぜなら、その「好きだよ！」という言葉は、まるで吐き捨てられるかのように発した言葉だったからです。

さらに彼は、部屋のドアをバタンッと強く閉めて出ていってしまいました。

美香さんは一人残され、泣き崩れています。

この例では、美香さんは「きらい」と言われたときは愛を感じ、反対に「好きだよ」と言われたときは悲しみと拒絶を感じました。そう、彼の表面的な言葉よりも、愛情が込められた声の感じや話しぶりのほうが、彼の本当の気持ちが正しく伝わったからです。

「メラビアンの法則」の正しい解説

会話中に相手に感情を伝えるとき、話の内容（言語）、声のトーンや口調（聴覚情報）、ボディランゲージ（視覚情報）がそれぞれどれくらい重要かを研究した心理学者の一人に、米国のアルバート・メラビアン（Albert Mehrabian）がいます。彼の発見についてお話ししましょう。

わたしたちが誰かと話しているとき、自分でも気づかないでいつも必ず行なっていることがあります。いつも自動的に行なっているんです。

それは、「相手の人はぼく・わたしと話をしていて楽しいのかな？　それとも、つまらなくて話したくないのかな？」と判断することです。

では、わたしたちは相手の感情について、何を根拠に判断をしているのでしょう？

メラビアンによる実験結果では、判断の手がかりとして、相手が何を言っているかという話の内容が占める割合はたった七％に過ぎない、ということでした。それに比べて、話し手の声の感じや声の質が三八％で、表情などの視覚情報が五五％という結論になりました。この研究結果は「メラビアンの法則」として知られています。[3]

本章の⑤と⑥で、ボディランゲージと笑顔が大切ですよ、とお話ししました。それはメラビアンが発見した「視覚情報が五五％」の部分です。

そしてもう一つの大切な要因が、声の感じなんです。

「態度の悪いヤツらだ！」

わたしが勤める大学では、指定された喫煙場所以外でたばこを吸ってはいけないことになっています。ところが、禁じられた場所でたばこを吸う学生を見かけることがあります。

3　メラビアンの発見はほとんどの場合、たいへんゆがめられて紹介されています。たとえば、「話の内容は、言葉よりも表情や身振り手振りによって多く伝わる」とか、「コミュニケーションのほとんどは言葉よりもボディランゲージによって行なわれる」などの主張が、「メラビアンの法則」として書かれたり話されたりしています。それらの言い方は正しくありません。正確には、話し相手の感情をわたしたちが判断するときの手がかりが、本書でお伝えしている通りだということです。メラビアンの研究については、本書巻末「参考文献」に原典を記載しています。

そのような学生を見つけたとき、わたしはこう言いました。

「おい、ここはたばこを吸ったらあかんねん。喫煙場所に行きなさい！」

すると彼らは「チッ」と下を向いて、不服そうにたばこを消します。ときには、わたしが通り過ぎたのち、再びたばこに火をつける姿も見受けられます。

そんな光景を目にすると、わたしはいっそう「態度の悪いヤツらだ！」と腹が立ちました。

でもあるとき、「もしかすると態度が悪いのはぼくのほうでは？」と思ったんです。

そこで、アプローチを変えることにしました。禁煙場所でたばこを吸いながらおしゃべりしている学生たちに近づき、優しい声でこう言ってみました。

「たばこはあっちの喫煙場所で吸ってね」

すると学生たちは、「あ、すいません」とすなおに答え、即座にたばこを消したり、喫煙エリアに移動したりしたのです。

このアプローチにより、学生が快く応えてくれる確率は、今のところ一〇〇％です。

そして、そのような対応をするほうが、わたしの精神衛生にもからだの健康にも良いことを実感しました。穏やかに話す人に対して、人はかみつかないのです。

立場が下の人と話すときは特に注意

人に話すときは、なるべくカタくなく、威圧的にならず、穏やかな感じで話すよう、心がけましょう。そのことは特に、部下や目下の人に話すとき、および男性が女性に話すときに大切です。なぜなら、わたしたちは権力や社会的な階層において、下の位置にいるときには、上の相手に対してとても敏感に、権力の差・権威の差を感じやすいからです。

自分が上の立場のときには、お互いの関係について平等に近いとか、もしくはまったく平等だと感じていても、社会的に下の立場の相手はかなりの上下差を感じているものです。ですから特にわたしたちが上の立場のときは、威圧的にならないよう優しい様子で話しかけることが大切です。

もしあなたが、カタいとか、キツいと人から思われがちなら、子どもやペットに話しかけるような声質を心がけるといいでしょう。とは言っても言葉づかいを子どもやペットに話すかのように変えるんじゃありませんよ。あくまで声の質・感じです。すると相手は、過剰に威圧的に感じづらくなり、あなたといて比較的ラクだと感じやすくなります。

また、優しい声で話しかけると、自分の気持ちも優しく穏やかになりますよね。

穏やかな気持ちで過ごすことは、寿命と健康にも大切です。短気でせっかち、イライラしやすく、攻撃的で競争意識の強い人たちは心臓と血管の異常を起こしやすいことが分かっています。

でも、「性格だから直せない」、そう信じている人もいるでしょう。

わたしもそうでした。母の変化を目にするまでは。

怒りっぽかった母が穏やかになった理由

わたしの母は、昔から怒りっぽい人でした。つねにイライラし、ささいなことですぐに怒ったりしていましたが、あるとき、心臓がしめつけられる症状を訴えてきたのです。

急に息苦しくなるその症状は、原因が分からないまま発作のように続き、病院で診てもらうことになりました。

すると、検査の結果、身体的な異常は見つからず、お医者さんは母にこう言ったのです。

「心理的なものです。すぐカッとしたりイライラしたりしていませんか？　からだのためにも、気持ちを穏やかに持つよう気をつけてくださいね」

怒りっぽかった母は、短気な性格によって命を失いかねないという危機を感じ、それからは穏やかに生活することを心がけました。すると、どうでしょう。以前ならガミガミ言っていた場面でも、母は怒らなくなったのです。その変化を見て、最初わたしは、無理に怒りを抑えつけているのではないかと思いました。でも、母は怒りを抑えつけたり、溜め込んだりしているのではなく、本当にカッとしたりイライラしたりすることが減っていたのです。それは、母の表情を見れば一目瞭然でした。母が穏やかになったことにより、家庭も落ち着き、怒る必要性を感じなくなったのかもしれません。

イライラしてキツい声で話すと、相手はピリピリして疲れるし、あなた自身の健康もむしばんでしまいます。イライラを感じたら、まず息をふぅーっと深く吐きましょう。そしてゆっくり深く呼吸をしてくださいね。あなたのこころとからだの健康にプラスになるし、周囲の人もあなたといてラクになります。

方法 8

ウィン-ウィンの関係を意識する

洋子先輩が一緒に食事へ行きたがらなくなった理由

恵梨奈さんは高校時代、美人で頭のいい洋子先輩に憧れていました。

そんな洋子先輩は、現在、英会話教室の先生をしています。きれいで、熱心で、教え方も上手な洋子先輩は、生徒思いの優しい先生です。恵梨奈さんは高校を卒業してからも、ときどき洋子先輩と会って、ご飯をおごってもらったり楽しくおしゃべりしたり、カラオケにも行ったりしていました。

でも最近は、恵梨奈さんが「洋子先輩、また遊びにいきましょうね！」とメールしても、あまり乗り気な返事が返ってこないのです。恵梨奈さんにはなぜなのか分かりません。

洋子先輩は、もともと意欲的な女性でした。それは今でも同じ。仕事もプライベートもどんどん拡大させたいと思っていて、実際に人生のステージを着実に上げていました。

英会話教室で教えることに加え、自宅でも個人レッスンを始めました。そして自宅レッスンの規模をもっと大きくしたいと願うばかりか、最新の教授法を学んだり、集客法を学ぶセミナーなどに通ったりもしていました。本も出したいと考え、出版関連のセミナーにも顔を出しています。

洋子先輩はそうして多忙になっていることに加えて、勉強のために多くのセミナーや研修に参加しているので、経済的にもゆとりが少なくなっていたのです。

そんな洋子先輩にとって、恵梨奈さんと会うために時間とお金を使うことは、メリットよりデメリットのほうが多くなっていました。

恵梨奈さんが高校を卒業したころは、かつての後輩に慕われてうれしかったし、恵梨奈さんは明るく楽しい女性だったので、一緒に食事やカラオケに行くのも楽しいことでした。でも、洋子先輩の人生のステージが上がって仕事も学びも拡大するにつれ、ただおしゃべりが楽しいから、というだけで恵梨奈さんと会うために時間とお金を使うことにメリットを感じなくなっていたのです。

ちょっとここから「価値観」についてお話をします。話が変わるようですが、すぐ戻ってきますので、少しのあいだついてきてください。

人はそれぞれユニークな価値観を持っている

わたしたちはそれぞれが、独自の価値観を持っています。ここでわたしが言う価値観とは、「自分にとってホンネで何が大切か」ということです。そしてその大切なことがらは、まるで指紋のように一人ひとり違っています。

ある夫婦を例に取りましょう。その夫婦では、夫の価値観上位三つは「一番目・仕事、二番目・ゴルフ、三番目・飲みに行ったりしてワイワイ楽しむこと」です。それに対して奥さんの価値観は「一番目・子ども、二番目・美容とおしゃれ、三番目・テレビドラマ」です。

わたしたちは誰もが自分の価値観にとても忠実です。その夫の価値観のトップが仕事で、家庭は上位にありませんから、彼は家庭よりも仕事を優先させます。デパートに行くと、文具やスーツなど仕事に使うものが目につきます。また、ゴルフも彼には価値の高いことですから、ゴルフ用品の売り場にも行きたがります。大きな書店に入ると、ビジネス書のコーナーとゴルフ関連の雑誌が置かれている棚に行きます。

それに対して奥さんは子どもが最優先です。ですから、ご主人の給料は子どもの食費や習いごとなどに使います。貯蓄も熱心に行なっていますが、その一番の目的は子どもの教育資金です。デパートに行くと、子ども服やおもちゃなどが目につくし、書店では子育ての本や子どもの健康などのセクションに行きます。

また、奥さんの価値観の第二位は美容とおしゃれですから、デパートでは化粧品コーナーや美容器具の売り場にも行きたがります。彼女はまた、アンチ・エイジングについて豊富な知識を持っています。

このように、わたしたちは自分にとって本当に価値の高いことについては、人から言われなくても自発的に率先してイキイキと取り組むし、そのことについては熱意が高く、知識も経験も豊富で、しかもそのことについてよく考えます。また、時間もお金も価値観の上位のことに優先的に使います。

それに対して、価値観の下位のことがらについては、わたしたちは後回しにします。グズグズしていてなかなか取り組まないし、他人から強制されなければやらないこともしばしばです。それをしていても楽しくないし、熱意も低く、知識も能力もなかなかつきません。そしてそのことがらについては時間もお金も不足しがちで、「それをする時間がなかなか取れない」「お金がなくてできない」ということになるものです。

お互いの価値観の高いことを満たし合う人間関係でなければ続かない

人間関係は、お互いの価値観の高いことを満たし合うものでなければ続きません。

たとえば、冒頭の恵梨奈さんと洋子先輩の関係を例に考えてみましょう。

恵梨奈さんにとって、大好きな洋子先輩とカラオケや食事をして楽しい時間を過ごすのは、大好きで価値の高いことでした。

また洋子先輩にとっても、かつての後輩から慕ってもらい、楽しい食事やカラオケの時間を一緒に楽しめることは、価値の高いことでした。ですからお互いに楽しめたのです。

ところが最近の洋子先輩にとって価値の高いことがらは、遊びに行ったりすることではなく、仕事のレベルアップへと変化してきました。ですから彼女にとって、恵梨奈さんに会ったりご飯をごちそうしたりすることは、仕事のレベルアップという彼女の価値の高いことの妨害になってきたのです。

だから、洋子先輩が恵梨奈さんに会いたがらなくなったのは当然のことでした。

では恵梨奈さんが洋子先輩に会ってもらうにはどうすればいいでしょうか？

「先輩、また遊びましょう！」としつこく誘うことでしょうか？

それは賢いやり方ではありません。下手をすると嫌われてしまいかねません。

賢いやり方は、洋子先輩が高い価値を置くことを提供することです。たとえば、洋子先輩が研修で学んできたばかりの新しい英会話レッスン法を試す練習台になるとか、自宅レッスンの生徒集めに協力するとか。

相手にとって高い価値のあることを満たし叶えることのできる人になることが、周囲の人々から求められる方法です。

恋愛関係と価値観

人間関係において、お互いの価値観の高いことを満たし合うものでなければ関係が壊れるという原則は、恋愛にも当てはまります。たとえば、恋人とデートを楽しむことが二人の両方にとって高い価値のあることだったら、お互いに会ってデートをしている限り、その関係はうまくいきます。お互いにハッピーな関係になります。

でもそのうち、彼女は結婚と出産に高い価値を置くようになり、その一方、彼氏にとって大切なのはお金を貯めることと、複数の女性たちと遊ぶことだったとしたら、その恋愛はうまくいかなくなります。彼女は早く結婚して子どもを産みたいと思うけど、彼氏は、結婚にはお金がかかるし女遊びもできなくなるので、独身のままでいたいと思うからです。

その場合、女性は彼氏が結婚について煮え切らない態度を続けるので「無責任な男」だと不満になり、男性にとっては、結婚や将来のことで圧力をかける彼女のことが「重い女」だと感じられるようになります。

人間関係において、相手が高い価値を置いていることがらをあなたが満たさなければ、あなたと一緒にいることに意味を見出せなくなるのです。もし、それでも一緒にいなければならないとき、相手にとってあなたは疲れる人になります。

ウィン-ウィンの関係が大切

人間関係において、お互いにとっての価値観の高いことを満たし合う関係を「ウィン-ウィンの関係」と呼びます。「ウィン」とは勝利という意味で、「ウィン-ウィン」とは、相手も自分もその人間関係から「勝利＝いいもの」が得られるという意味です。

人間関係は、職場であれ、家族であれ、恋人や友だちとの関係であれ、双方とも欲しいものが得られる「ウィン-ウィン」の状態でなければ続きません。

ビジネスと自己啓発の分野でとても有名なベストセラー著者である、コンサルタントの鳥居祐一氏は、今の実力と地位と名声を得るために、過去二十年間で一億円以上のお金をかけて海外セミナーなどを受講してこられたそうです。その努力があってこそ、彼はビジネスで大成功して、今の実力と知識と経験とをつけてこられました。

鳥居氏によると、講演後の懇親会の席で、ときどき、「鳥居さん、どうすればぼくの本が売れるか、教えてください」などと相談しにくる参加者がいるそうです。[4]

鳥居氏が「今はお酒が入っているので、席を改めましょう。あとで担当から面談の申し込みフォームを送らせますので優先的にアポを取るようにしますね」と答えると、「いやいや、そういうのでなくて、お茶しながらでいいんです」とのこと。

そういう人は、鳥居さんが巨額を払い、ものすごい努力をして身につけ磨いてきた知恵と知識を、「お茶しながら」タダで奪おうとしているのです。鳥居氏の面談は通常三週間待ちで、しかも、お客さんは飛行機や新幹線に乗って遠方から会いにきます。ときに海外からも来るそうです。そんな中で、「お茶しながら」タダで奪おうとする人が優先してもらえるはずがありません。

4 このエピソードは、鳥居祐一氏のメルマガ『ポジティブ・ライフスタイルのススメ』からの転載です。鳥居氏には転載許可をいただき、感謝します。

しかもコンサルタントは、責任ある相談をするために自分の持つ経験、知識、時間を総動員します。それはかなり疲れること。

それゆえ、鳥居氏の貴重な知識を「ウィン-ウィンの関係」で教えてもらうなら、それに見合う料金を支払うとか、または鳥居氏が求めている価値ある知識を教えるとか、そのような釣り合いの取れた交流をしなければいけません。

「ウィン-ウィンの関係」になるには、相手にとって価値あるもの・ことを提供することが必要なのです。

また、何かの分野で秀でた人から求められる人になるには、自分も実力をつけることが必要です。そしてわたしたちは成長すればするほど、それに見合った人たちと縁ができます。

あなたは相手に何が提供できるでしょう。相手が喜ぶもの・ことを提供する。それをまず考え、相手に提供しましょう。そのとき、あなたは「一緒にいてラク」以上に、「一緒にいたい」と望まれる人になります。

方法⑨

一人でぼーっとする時間を作る

ピリピリしてせわしない人

おっとりした性格の晴美さんは、結婚後も趣味や一人の時間を大切にしたいと考えていました。そこで、経済的にもゆとりのある暮らしができるように、安定した企業に勤める男性とお見合いをすることにしたのです。できることなら、休みの日は二人で旅行へ行ったり、それぞれ読書を楽しんだり……晴美さんの夢はふくらむばかり。

しかし、お見合いの席に来た人は、晴美さんの理想とはかけ離れたタイプでした。たしかに、スーツやネクタイなどは高級なものを身につけています。とはいえ、その人は席について数分もしないうちに従業員さんを呼び止め、「料理はまだですか？」「飲みものが来ないんだけど」「テーブルが汚れている」など、ピリピリしながら次から次へと文句ばかり言っています。晴美さんは、お相手のそんな様子を見て、「この人と結婚しても、楽しくないだろうな」と感じました。

一緒にいてラクなのは、経済的にゆとりのある人ではなく、力が抜けてゆとりのある人です。特にふだん忙しい人は、力を抜いてぼーっとゆっくり一人で過ごす時間が、とっても大切です。わたしたちは、人と一緒に過ごす時間と、一人で過ごす時間の両方が必要なんですよね。両方が適度にあってこそ、バランスが取れます。その時間をちゃんと取ることで、ゆとりのオーラが作り出されます。

たとえば、コーヒー片手にぼーっとする時間を取る人がいます。とてもいいことだと思います。わたしは、満月の夜にお月さまを見上げてぼーっとするのが好きです。また、海を見ながらぼーっとするのもステキですよね。

瞑想の効果

最近は、一般の人たちのために座禅会を開催するお寺が増えています。そのような活動に参加するのも、とってもいいことだと思います。

わたしは、日々の生活に瞑想を取り入れることを強くおすすめします。

瞑想にはさまざまな効果があることが、多くの研究で証明されています。[5]

・ある脳科学の研究では、八週間の瞑想練習をした人たちは、不安などマイナスの感情が減り、逆に喜びや安らぎなどが増えていました。そして彼らの脳機能を測定したところ、喜びや安らぎなどプラスの感情と関係の深い左側前頭葉の働きが活発になっていました。

・四四組の夫婦を二グループに分け、一グループには瞑想を教えて家庭で実践してもらったところ、彼らは瞑想していない夫婦に比べて、配偶者とより親密になり、夫婦関係の満足感も増加していました。

・不安神経症と診断された大学生らが瞑想を実践したところ、不安もうつも減少し、しかも三年たってもその効果は続いていました。さらには、何度もうつ病を繰り返した患者さんたちのうち、瞑想を日課にした人は瞑想をしない人よりも、一年以内にうつ症状がぶり返す率が半分ほどに減っていました。

5 瞑想の効果に関する研究の出典は、本書巻末「参考文献」をご参照ください。

・ガンの患者さんたちが毎日の瞑想を実践したところ、不安、うつ気分、ストレスが減少し、生活の質が向上していました。別の研究では、インフルエンザに対する抵抗力も、瞑想をしている人たちは増加していることが分かりました。

つまり、瞑想を日々の生活で実践した人たちは、こころの健康もからだの健康も向上していたのです。そのことを証明した心理学研究は、ここでお伝えしたもの以外にもたくさんあります。

誰でも実践できるカンタン瞑想法

世界中でベストセラーになった『神との対話』（ニール・ドナルドウォルシュ著、吉田利子訳、サンマーク出版）という本があります。

その中で、日々の瞑想をするとものごとがよりスムーズに流れ、人生がより良くなる、という記述があります。わたしも、明らかにそうだと感じています。

瞑想はさまざまな方法があります。比較的やりやすい瞑想として、息をながーくゆーっくり吐きながら、「いーち」とこころの中で唱えます。そしてラクに息を吸い、次にながーくゆーっくり吐きながら「にー」と唱えます。これを繰り返

瞑想は難しくない

❶ 息をながーくゆーっくり吐きながら、
「いーち」とこころの中で唱える

❷ ラクに息を吸い、次にながーくゆーっくり
吐きながら「にー」と唱える

❸ ①②を繰り返して10まで行ったら、
また1に戻る

※途中でさまざまな雑念が湧いてもＯＫ。
雑念はそのままにして、呼吸と数に再び注意を集中する。

して一〇まで行ったら、また一に戻る方法があります。
途中でさまざまな雑念が湧きますが、まったくかまいません。雑念が湧いていることに気づいたら、雑念はそのままにして、呼吸と数に再び注意を集中します。また、雑念にとらわれると、どこまで数えたかを忘れることがあります。そのときには一に戻ってやり直せば大丈夫です。

『神との対話』では、朝十五分、夜十五分を目安に瞑想することを勧めています。**瞑想といっても特別なことをするわけではなく、吸う息、吐く息に注意を集中するだけ**です。また、座ってじっとする方法ではなくても、あれこれ考えるのをやめて何かに集中すると、それが瞑想になります。たとえば歩きながら、あれこれ頭で考えることはなるべくやめて、脚の感覚などに集中することを心がけるとウォーキング瞑想になります。同様に、皿洗いに集中する皿洗い瞑想もアリです。同様に、掃除に集中してもお化粧に集中しても、瞑想です！

そんな一人の時間は、とっても大切だと思います。

瞑想など、一人でのんびりぼーっとする時間を取り、力を抜いてほーっとしましょう。ゆとりあるオーラが作られ、あなたは一緒にいてラクな人になります。

方法⑩

「感謝の時間」を持つ

「〝一緒にいてラクな人〟体質」になる秘法

わたしがずっと以前から実践していることがあります。人があなたといて居心地良くラクに感じる、そんな自分になるためにすごく効果的なので、あなたにもぜひ試してほしいのです。

その方法は、これです。

自分一人の静かな時間を作り、知っている人を思い浮かべて、「○○さん、ありがとうございます」と深々と頭を下げます。まごころで、感謝のこころでします。わたしはときどき、床に正座して頭をつけてやっています。土下座です。

あなたの大切な人たちを一人ひとり思い浮かべながら、ぜひ、感謝の思いを感じながら頭を下げましょう。相手の人たちにとって、あなたと一緒にいることがなぜか心地良くなり、その人たちとの関係がもっと良くなります。また、夜寝る前にすると眠りが安らかになります。

「〝一緒にいてラクな人〟体質」上級編

次は、いっそう「〝一緒にいてラクな人〟体質」になるための、上級編です。あなたを傷つけた人、あなたが嫌いな人を思い浮かべて同じことができるでしょうか？　もちろん、そんなことしたくない！　と思うならする必要はありません。でもちょっとだけ聞いてください。

わたしたちのこころの中にある痛みは、自分を傷つけた人を許すことを、すごくイヤがったり、「許すなんてできない」と感じたりします。そう感じるのは、そう感じて当然のもっともな理由があるものです。そのことについては、第4章で詳しくお話しします。

さきほどお話ししたように、あなたの大切な人たちに感謝とまごころで頭を下げるほど、あなたはどんどん「一緒にいてラクな人」体質になります。そしてその体質になればなるほど、嫌いだと思っていた人についても、こころを込めて「ありがとうございます」と頭を下げることができる自分になります。するとあなたの「〝一緒にいてラクな人〟体質」は、さらに本物になります。

知っている人を思い浮かべ、「〇〇さん、ありがとうございます」と深々と頭を下げることは、特に、間柄がうまくいっていない人との関係を良くしたり、その人との関係によって傷ついたあなたのこころをケアしたりするのに効きます。

そう、あなたのこころの痛みを癒す効果があるのです。

わたしの体験

わたしはあるとき、職場の人にムカムカと腹が立って仕方のないことがありました。でもその人とは、これからもずっと一緒に仕事をしなくてはいけません。

そこでこの秘法を実践しました。

その人を目の前に思い浮かべて、床に膝《ひざ》をつき、頭をついて、「ありがとうございます」を何度も繰り返しました。するとその翌日から、その人とのあいだで腹の立っていたことや、もつれかけていたと思っていた問題が、自然に解決し始めました。

「ええっ、そんなにカンタンに変わるもの？」と信じられないかもしれませんが、だまされたと思ってぜひ行なってみていただきたいです。

わたしの場合、その秘法をしている最中にだんだんと、その相手のことが「イヤなヤツ」というより、いろいろと苦労しながらもその人なりに一生懸命に生きているかけがえのない人だと感じられてきたんです。そして、その人と出会っていろんなことがあるのも、わたしの成長のために意味のあることのように思えてきました。

この秘法は、人間関係で問題が起きたときや、問題はなくてもあの人ともっと良い関係になりたい、と思うときに行なうと、すごく良いでしょう。

許せない！　という気持ち

「あの人は許せない！」

誰だって、誰かに対してこんな思いを抱いていると思います。

あなたが許せないその人は、あなたをひどく傷つけたのかもしれません。あなたを侮辱したのかもしれません。またはあなたの大切な何かを奪ったり、壊したりしたのかもしれません。あなたを見捨てたのかもしれません。

そんな人間を、「許せない！」と思うのは、当たり前の感情です。そんな人間を憎んで当然です。でも、考えてみましょう。

人を許さないことによっていちばんソンをしているのは誰でしょう？

あなた自身ではありませんか？

あなたが誰かを許さないとき、その怒りはあなたから発散されます。ちょうど人のからだからいつも体臭が出ているように、**「許してやるものか！」という思いも、オーラや、気や、怖い表情になって、あなたから発散されます。**

そして、体臭のキツい人といると周りの人たちは不快な思いをするのと同じように、あなたが「許せない！」という怒りと攻撃の気を放つとき、人はなんとなくそれを感じて、あなたといるとあまり気持ち良く感じられなくなります。

さらに、**あなたが誰かを許さず憎しみをこころの底に抱き続けていると、喜びを感じる力が弱くなります。人生の喜びが減るんです。**それに、人を憎み続けているとケガや病気もしやすくなります。そしてそのことは、わたしたちの両親について特に言えると思います。

両親がいたからわたしたちの人生があります。だからその両親をうらんだり、憎んだり、感謝できない気持ちが強いほど、人生に問題が多くなるし、恋愛、結婚、友だち、仕事の人間関係など、あらゆる人間関係にゴタゴタが生まれます。

感謝も許しも自分のため

だから、人を許すのは相手のためではなく、あなた自身のためです。

さきほどお伝えしたように、「許せない！」と思っていた人を思い浮かべて、「ありがとうございます」と頭を下げてみませんか？　あなた自身のために。

もしよければ、ぜひ何日か、こころを込めてしてみましょう。徐々に、「〝一緒にいてラクな人〟体質」になったことを感じるでしょう。

でも、あなたのことを傷つけた人やあなたが嫌いな人に対して、〝ありがとう〟なんて気持ちには、とてもなれないかもしれませんよね。「なぜあんなヤツに感謝しないといけないの⁉」と思うかもしれませんね。

もっともです。そのお気持ちは分かります。でも、わたしたちの人生に現れる

実は自分がいちばんソンしている

人はみんな、わたしたちの成長のために現れます。

他人や自分自身を見下したり、責めたり、攻撃したり、人や物に対して感謝がなかったりする。わたしたちのそんな思いが、攻撃や痛みや重荷になって自身に返ってきます。そして、自分のそんなあり方に気づかせてくれるためにイヤな他人が現れることがあります。謙虚になるよう、わたしたちの考えや態度を修正してくれるのです。

実際のところ、癒せていない過去の痛みと怒りをこころの奥に抱えている人には、「ものすごく理不尽な上司」「大嫌いな同僚」「ひどい仕打ちをする恋人」など、その人のことをひどくいじめたりイヤな思いをさせたりする人が現れるものです。それは不思議なほど。

そのように、「イヤな人」や「嫌いな人」は、わたしたちのこころにある痛みに気づかせてくれるために現れることがあります。痛みに触れるからこそ、イヤだとか嫌いだと感じるのです。

また、もっと大きな、もっと素晴らしいあなたになるために必要な経験や機会をくれるために現れることもあります。もしくはあなたが自立するためや、あなたが他の誰かと仲良くなったり他の誰かからサポートを得たりする、そのきっかけになるために現れることもあります。

あなたの嫌いな人、あなたを傷つけた人にほんの少しでも感謝する気持ちになれるでしょうか。

なれなくても全然かまいません。感謝の気持ちはないままに、「ありがとう」や「ごめんなさい」を言うだけでかまいません。その人を思い浮かべて言うだけで、効果があります。もしよければ、とりあえず少しでも時間を取って、今すぐ実行してみましょう。

第3章

実践編②

相手が話したくなる「聴き方」、相手が話す気を失くす「聴き方」

——傾聴のスキルを身につける

ペチャクチャ、ガヤガヤ

雑誌などで紹介されているカフェやイタリアンレストランって、とてもおしゃれですよね。

そんなお店に友だちどうしで入ると、おしゃべりも盛り上がること間違いなしでしょう。

こんなことを言うとちょっと恥ずかしいのですが、わたしはおしゃれなカフェやイタリアンレストランなどが好きで、ランチタイムにそういうお店へ入ることがあります。

お祭しの通り、男性はわたし一人だけで、店内はほとんどが女性……。

そして周囲の女性たちは、わたしがパンを食べているときもペチャクチャペチャクチャ。

パスタを食べているときもペチャクチャペチャクチャ。

デザートをいただいているときもペチャクチャペチャクチャ。

コーヒーを飲んでいるときもペチャクチャペチャクチャ。

楽しそうにおしゃべりしている人たちを見ると、わたしも楽しい気持ちになります。女性っておしゃべり好きですよね。

でも本当は、おしゃべりが好きなのは女性だけではありません。そのことを痛感したエピソードを一つ。

わたしは日本でカウンセラーを始めたころ、大きな歓楽街にほど近い心療内科医院に勤めていました。飲み屋が軒を並べる地域です。

夜、仕事を終えたわたしは、駅までの道のりを歩いていると、仕事帰りのサラリーマンたちがビールを片手にワイワイガヤガヤやっている姿をよく見かけました。右側の店を見ても、左側の店を見ても、スーツ姿のサラリーマンたちが「おつかれさんでーす！」と乾杯しています。そこから一〇歩も歩けばとなりの居酒屋。やっぱりサラリーマンたちがワイワイガヤガヤおしゃべりをしているのです。

そう、男も本当はおしゃべり。

わたしたちは、自分のことを分かってくれる人には、いくらでも話したくなるものなのです。そして、それを存分に聴いてあげることで、一緒にいてラクな人になります。次に、そのことについて説明します。

好意的な関心を向ける方法

自分を表現すること。それは人間の持つ根本的で強烈な衝動です。

自分を表現する方法は、おしゃべりだけにとどまりません。わたしたちは、絵画や音楽などの芸術活動、文章や詩を書くこと、ファッションや化粧など、あらゆる手段で自分を表現しています。わたしたちは自分のことを表現したくてたまらないものなのです。

そして数ある表現方法の中でも、話すことは特に手軽で、かつ効果的な表現方法。わたしたちは自分のことを話したいし、それを聴いて分かってもらいたいのです。

わたしは、第1章の①（24〜25ページ）で、「あなたが人に好意的な関心を向けると、人からの好意的な関心が集まります」とお伝えしました。好意的な関心とはつまり「あなたのことが好きです。仲良くなりたいです」というメッセージのこと。

そして、相手に好意的な関心を向けるとってても良い方法の一つが、その人の話に耳を傾けることなんです。そうすることによって人と仲良くなれるので、少し詳しくお伝えします。

「話題がもつかな？」と不安になるとき

誰かと食事に行く予定だとします。お互いのことをまだよく知らない、そんな間柄の人と。

そんなとき、ちょっと緊張しますよね。もしあなたが人見知りだったら、とっても不安になるかもしれません。

「ちゃんと話題がもつかな？？？」

「話が続かず、気まずい雰囲気になったらどうしよう？？？」

そんな不安は、つきつめてゆくと、

「わたしといても楽しくない、と思われたらどうしよう？？？」とか、

「好かれなかったらどうしよう？？？」

という不安から来ています。

そんなときには、**自分が好かれるかどうか、自分が良く思ってもらえるかどうかよりも、相手に関心を注ぐことに集中しましょう。**

つまり、相手を楽しませる上手な話ができるかどうかよりも、相手の話に耳を傾けること、相手の好きなこと・興味あることを教えてもらい、興味を持って聞いてみましょう。

心理カウンセラーがする助け方

ところで、わたしの本業は心理カウンセラーです。来談者の方々はすごく深く大きな悩み、苦しみを抱えてわたしのところに来られます。

そんな人たちを、わたしはどんなアドバイスをして助けると思いますか？　わたしは心理学の博士号まで持っていますが、いったい、その専門知識と経験からどんなすごいことを話して来談者の人たちの援助をするのでしょう？

答えは意外なものかもしれません。

答えは、話を聴くことです。

わたしのカウンセラーとしての実力は、かつての自分よりもケタ違いに上がっています。でもその原因は、ケタ違いにすごいアドバイスができるようになったからでも、ケタ違いにたくさんの知識を身につけたからでもありません。より話し手の身になってその人の気持ちや経験を理解し、より深く聴けるようになったからです。

プロのカウンセラーになるためには、すごく高度な勉強と訓練が必要です。でも、人があなたとおしゃべりして居心地良く感じるための「聴き上手になること」なら、ちょっとした心がけで上達します。その傾聴のコツをお伝えします。

傾聴でいちばん大切なこと

傾聴でいちばん大切なことは、話し手の思っていること、感じていることを、できるだけ話し手の身になって理解しよう、という態度です。

それは話し手への誠意ですし、話し手を大切にする優しさです。それが傾聴の基本であり、いちばん大切なことです。

第1章の⑥（65〜71ページ）で、人のことをあなたの価値観で裁いたり批判したりすることの不毛さをお伝えしました。そのことは傾聴において特に当てはまります。傾聴の本質である、「話し手の身になって分かろうとする」というのは、話し手をあなたの価値観ではかって評価したり裁いたりすることとは正反対のことだからです。

ですから傾聴の場面では、**自分のものさしで相手をはかって「良い」「悪い」と判断することは横に置いて聴くことが、とっても大切**です。相手の気持ちを相手の身になって理解しようとする態度こそが、「傾聴」の本質だからです。

その本質を踏まえたうえで、相手に対するあなたの尊重の思いが伝わる傾聴のコツがありますので、それをお話しします。

傾聴のコツ

人の話を聞いているとき、わたしたちは相手から意見を求められてもいないのに、自分の意見や考えを言いたくなるものです。

「それはきっと○○だよ」

「だけどね、わたしは〇〇と思うよ」
「オレなら〇〇だけどなあ」

でも、相手が話をしているときは、まずその人の言葉に耳を傾けましょう。話し手の言うことを、あなたの価値尺度で「それは良い」「それは悪い」と判断するのではなく、できるだけ相手の身になって耳を傾けるよう努めましょう。**あなたの判断は横に置いて、できるだけその人の身になり、その人の話していることを、できるだけあなた自身のことのように想像しながら聴く**よう努力してみてください。

(この人はどんな気持ちなんだろう)
(わー、それはイヤだったろうなあ)
(そうか、それはうれしいよなあ)
と心の中で思いながら聴く感じです。
そしてそのとき、「うん、うん」「分かる、分かる」「なるほど」とたくさんうなずきながら聴きましょう。うなずきは大きく、たくさんします。すると相手には、あなたが関心を持っていること、ちゃんと話を聴いていることが伝わります。そんなふうに聴くほど、人はあなたを信頼して、少しずつホンネが言えるようになります。

そしてできれば、あなたが聴いたことを、ときどき言葉にして返せるといいですね。その例を挙げます。話し手の言ったことを言葉にして返している部分を波線で示します。

(例)

話し手「課長にね、また契約が取れなかったのか!? お前は本気で売る気があるのか! って、みんなの前で怒られたんだよ」

あなた「**ええっ! みんなの前で怒られたんだ!**」

話し手（悔しそうな表情で）「そう。みんなが見てるし、課長って、言い返すと一〇倍になって返ってくる人だから、何も言えなかった」

あなた「**すごく悔しかったのに、言い返せなかったんだね**」

話し手（落胆した様子で）「それに、今回の取引先についてはね、下調べをすごく丁寧にして、絶対に契約を取ってやる、と決意して臨んだから、ガッカリだよ。ヘコむよ」

あなた「**すごく思い入れがあったし準備もしたんだ……。それはガックリくるよね**」

話し手の気持ちをくんで返す

では、こんな場面ではどう返すといいでしょう？

サッカー部の友だちがガッカリした様子であなたに言います。

「初めて試合に出られたのに、一本もシュートが決められなかった……」

相手の身になって共感する傾聴の応答として、次のA、Bのようなものが考えられるでしょう。

A「そっか。がんばって練習したのに残念だったね」

B「すごくシュートを決めたかったんだね。それはガッカリだね……」

話し手のガッカリした気持ちを自分のことのように想像しながら、このように話し手の気持ちをくむ返答をすると、話し手は「ぼくの気持ちを分かってくれた。ぼくの気持ちを大切にして、受け入れてくれた」と感じられます。

しかしわたしたちは、悪気はなくても、話し手の気持ちを否定するようなことを言ってしまいがちです。その例を三つ挙げて説明します。

●話し手の気持ちを否定する返答1「大丈夫！　次はシュートできるよ！」

次はシュートを決められるなんて、そんな保証は誰にもできないはず。ですから、もしあなたがこんな応答をすると、相手には単なる気休めに過ぎないことが分かりますので、気持ちを本当に受け止めてもらえているとは感じられません。たとえ善意ではあっても、ごまかされていることが分かりますので、相手も本当の気持ちは言えなくなります。そして、「ありがとう。そうだね、次は大丈夫だよね」などと答えるかもしれませんが、本当に「次は大丈夫だよね」なんて思ってはいません。話し手も本音が言えなくなったのでごまかしたのです。

●話し手の気持ちを否定する返答2「誰だって最初はそういうもんだよ。ガッカリするな」

これも気休めです。「ガッカリするな」と言われて明るい気持ちになれるぐらいなら、悩みません。

●話し手の気持ちを否定する返答3「もっと練習したらいいんだよ」または「なぜシュートできなかったかを分析して、次はそこを改善すればいいんだ」

わりと男性に多い応答です。男性は子どものころから、結果を出さなければならないというプレッシャーを女性よりも強く受ける傾向があります。子どものころはかけっこや野球、サッカーなどのスポーツ、学校に入ると成績や学歴、そして社会に出ると仕事の成果や地位など。そのため、このように「どうすれば結果を出せるか」という問題解決の方向へとすぐに思考が向きがちです。

それゆえ、男性が聴き手の場合には特に、シュートが決められなかったことのガッカリする気持ちに共感するよりも、次はどうすれば結果が出せるか、という思考になりがちです。女性もそういう思考になることはよくありますが、一般的には男性のほうがその傾向が強いものです。

もちろん、問題解決や成果を求めるのは大切なことで、能力を伸ばし、社会で成功するために欠かせません。しかし、わたしたちには感情も同じように大切です。感情がなければ人とつながることができませんし、そもそも人生の喜びさえなくなってしまいます。

この例のサッカー部の友だちは、「もっと練習すればいい」とか、「失敗の原因を分析して改善することが大切だ」というぐらいのことは、言われなくても分かっているでしょう。わたしたちはこの友だちのように、ガッカリしているときには、正論を言われるよりもまずその気持ちを分かって受け入れてほしいと願うものです。そうしてもらえれば、近いうちにまたやる気がムクムクと湧き上がるでしょう。

ここでお伝えしていることがひょっとすると納得しづらいかもしれませんね。

励ましているつもりでも……

次の例について考えてみてください。

あなたは大好きな恋人からとつぜん別れを告げられたとします。すごくショックだし、悲しくて寂しくて、とってもつらい思いをしています。

その気持ちを友だちに話したときには、あなたの苦しみを分かって受け入れてほしいですよね。

「えーっ！　そうなの⁉　それはつらいよね……」

でも、もし苦しい思いを話したときに「次は大丈夫よ」と気休めを言われたら。気がラクになるでしょうか？　そんなことはありませんよね。

じゃあ、「恋人がいただけいいじゃない！　わたしなんかずっと一人よ」と慰められたらどうでしょう？　もうその人には話したくなるでしょう。

または、「どうしてフラれてしまったのか、その原因を分析し、その経験を活かして次はうまくいくようにがんばるんだよ！」と〝建設的な問題解決〟に向けて励まされたら？

わたしなら腹が立ちます！

わたしたちが、悲しいとき、寂しいとき、または悔しいとき、腹が立つときなど、そんな気持ちを人に話したときには、自分のことのように分かってほしい、気持ちを受け止めてほしい、と願いますよね。

そこで次に、話し手の気持ちを理解してそれに応える応答を学びましょう。

話し手の気持ちに応える

夫が朝、会社に出がけに奥さんが玄関先で寂しそうに言います。

「あなた、今日も遅いの？」

●気持ちを無視する応答

A「ああ、遅い！」（と言って出ていく）

B「今日は九時」（と言って出ていく）

こんな応答をしていては破局が近づくでしょう。奥さんの気持ちを無視しているからです。

●気持ちに応える応答

A「寂しい思いをさせてごめんね。この週末は休めるから、一緒にどこかに行こう」

B「ごめんね。なるべく早く帰るようにするけど、遅くなりそうだから、会社からメールするね」

奥さんは「今日も遅いの？」と質問していますが、もちろん、遅いかどうかについて客観的な情報を求めているわけではありません。大切なのは、遅くなるかどうかという情報ではなく、寂しい気持ちです。ですから、その寂しさをくみ取って応えるのが、相手の気持ちを大切にする応答です。

話し手の主体性を奪わない

では次の場合はどうでしょう？　どういう応答をすれば、話し手の気持ちに共感し、気持ちを受け入れる対話につながりやすくなるでしょう。

「来週、サークルの先輩の誕生日パーティーなんだけど、行こうかなぁ、どうしようかなぁ……」

ここで**多くの人が、話し手の代わりに決めようとしてしまいます。**

A「行きたくなければ無理に行く必要なんかないよ」

B「そういうイベントは行っておくほうがいいよ。とりあえず顔を出して、もしイヤになれば、体調が悪いとでも言って早く帰ってくればいいから」

C「大切な先輩なら行くほうがいいし、そうじゃなければ行かなければいい。きみの気持ちで決めるべきだよ」

しかし、話し手が「行こうかなぁ、どうしようかなぁ……」と話すのはあなたに決めてほしいからではなく、迷う気持ちを分かってほしいからです。よって、次のような応答をすれば、話し手は自分の気持ちがもっと話しやすくなります。

「話し手の気持ちへの共感」が最重要

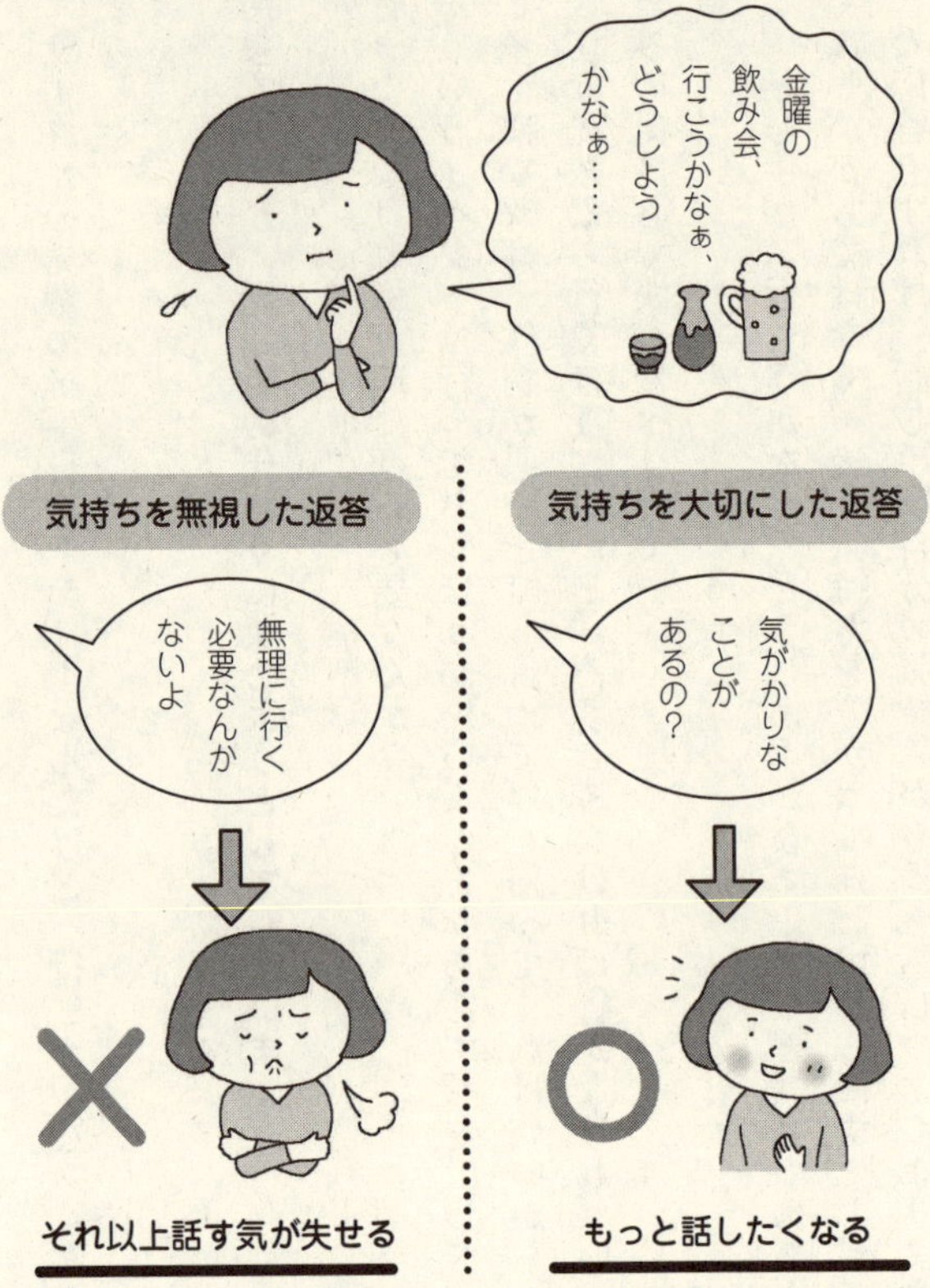
金曜の飲み会、行こうかなぁ、どうしようかなぁ……
気持ちを無視した返答
無理に行く必要なんかないよ
それ以上話す気が失せる
気持ちを大切にした返答
気がかりなことがあるの？
もっと話したくなる

「気がかりなことがあるの？」

このように返せば、話し手は、「うん、そうなんだ……先輩のことは嫌いじゃないけど、その先輩の友だちですごく苦手な人がいて、その人と会うのがイヤなんだ……」などと、悩みが話しやすくなるでしょう。そしてそのような対話によって、あなたと話し手の距離が近くなり、仲良くなれます。

質問をしましょう

それから、楽しく盛り上がる傾聴をするときには、相手の話すことを受けてたくさん質問をしましょう。でも根掘り葉掘りの尋問になっては、相手はイヤな思いをします。ですから次の二種類の質問をしましょう。

①相手の話していることについてもっと教えてもらうための質問
②相手の興味あることや好きなことについて尋ねる質問

わたしたちは得てして、自分の主張をしたり、自分のことを話したりすること
が多くなりがちです。そこで、相手が話していることについて、この二種類の質問を使い、相手の話に沿って尋ねましょう。

いくつか例を挙げます。適切な質問を波線で示します。

（例一）

話し手「先月始めた社交ダンスのクラスね、すっごく楽しくて、毎週いちばんの楽しみなの！」

あなた「へえー、社交ダンスってそんなに楽しいんだ⁉ **どういうところが楽しいの？**」

（例二）

話し手「その雑貨屋の店員さんね、わたしが万引きしたと疑ったみたいで、店を出るとき、ちょっとバッグの中を見せていただいていいですかって

聞いてきたの」

あなた「えーっ！　**それでどうしたの？**」

話し手「いいわよって、バッグを開いて見せたわよ！　そしたら中を見て、すいません、いいです、だって！」

あなた「**バッグを見せろなんて言われて、イヤだったんじゃない？**」

話し手「うん、やっぱりね、イヤな気持ちだよね」

これら二つの例のように、相手の話に沿って質問をしましょう。そして相手の答えに対して、「うん、うん」「そっか」「分かる、分かる」「なるほど」とたくさんうなずき、たくさんあいづちを入れながら聴きましょう。

そしてさきほどお伝えしたように、あなたが聞いた内容をときどき言葉で返すのもいいことです。次はその例を、波線で示します。

（例一）

話し手「社交ダンスの集まりって、知らない人たちどうしがすぐ仲良くなって踊れるの。それがすっごく楽しい！」
あなた「**そうなんだ、知らない人たちとも仲良くなって踊れるのがすごく楽しいんだ！**」

（例二）

話し手「うん、やっぱりね、イヤな気持ちだよね」
あなた「**そっか、イヤな気持ちになるよね**」

会話がスムーズに流れる質問のコツ

相手の話したいこと、興味あることについて質問するのは大切ですが、質問が尋問のようになるといけません。一緒にいて疲れる人になってしまいます。そうではなく、会話がスムーズに流れる質問のコツがあります。

それは、まず相手の言葉を短く繰り返してから質問することです。良い例と悪い例をお見せします。良い例では相手の言葉を繰り返していますので、その部分に波線を引いて示します。

●悪い例

あなた「甘いものは好き？」
話し手「うん、好き。でもチョコレートは好きじゃないな」
あなた「ふーん」
話し手「……えっと……それに……、ロールケーキもあんまりかな」
あなた「好きなものは？」
話し手「えっと……、和菓子はだいたい好き」
あなた「他は？」
話し手「ねえ、さっきから尋問ばかりしないでくれる？」

●良い例

あなた「甘いものは好き？」
話し手「うん、好き。でもチョコレートは好きじゃないな」
あなた「あ、**チョコレートは苦手なんだ。**じゃあ他は、甘いものはだいたい好き？」

話し手「ロールケーキもそれほどでもないかな」
あなた「ロールケーキもあんまり？　じゃ、好きなものは？」
話し手「和菓子とか」
あなた「和菓子っておいしいよね！」
話し手「うん！　だけどね、生クリーム系も好きだし、それにシュークリームも好き！」

ポジティブな会話を言外に求める人は、一緒にいて疲れる

たまに、笑顔は多いし、人によく質問したり話しかけたりして話を盛り上げようとするのですが、そこに押しつけがましさがあるため、一緒にいて疲れる人になってしまっている人がいます。

そういう人は、「最近、どう？」「お子さんはもう小学校だった？」などと相手のことを積極的に尋ねたり、「元気そうじゃん」とか「そのジャケットいいね」などと相手にポジティブな言葉をかけたりもします。ところが相手には、**ポジティブな返答をしなければいけない、というプレッシャーが感じられて疲れる**ので

す。

そういう人は、本当に相手のことを気にかけて、相手が元気かそれとも元気じゃないのかを知りたいのではなく、「愛想のいい人だ」「楽しい会話のできる人だ」と思われたいがために、笑顔を作ってあれこれ話しかけているだけなのです。

そんな人は疲れます。

相手に本当に関心を向けているなら、もし相手が「仕事にあんまりやる気がなくて」とか、「妻が実は病気で入院していて」などとネガティブな返事をしたら、そのことに共感を示し、傾聴するでしょう。でもポジティブな会話を言外に求めている人は、そのようなネガティブな返事に応えることができません。

「大丈夫、奥さんはきっと治るよ」

と根拠のない口先だけの慰めを言ったり、

「奥さんは病気なのか……でもあなたは元気そうでよかったよ」

と、やはりポジティブなことしか話そうとしなかったりするものです。

人に関心を向けて質問をするときには、元気でポジティブな返答をするよう求める気持ちからではなく、相手に本当に関心を持って尋ねましょう。

あなたのことを少し話すほうがいいことも、よくあります

先にお伝えしたように、わたしたちは、自分の話に興味を持って聴いてくれる人に話をするのが大好きです。でも、お互いのことを知り合おうとする場面では、自分のことも少しは話すほうがいいもの。自分のことは話さない〝秘密の人〟になるのはまずいので。

一般論ですが、お互いのことを知り合って仲良くなるには、あなたの話三：相手の話七ぐらいのバランス量で、あなたも自分のことを話し、相手にも彼・彼女自身の話をしてもらうのが適切なことが多いでしょう。

ときどき、人への不信感が強くて自分のことを話せない人が「自分は聴き上手だ」と思っていることがあります。でも、そういう人が聴き上手なわけではありません。その人が自分のことを話さないから、相手は間を埋めるために一生懸命にしゃべっているだけのことで、相手にしてみれば、そういう人との会話は疲れます。

聴き上手な人とは、こころの壁を取り去って相手に関心を注ぎ、この章でお話しした反応豊かなうなずきやあいづち、上手な質問などを活発に使って聴く人です。

苦しみに共感する

傾聴は、悩みごとを聴くときによく使われます。そういう場合に大切なことは、話し手の苦しい思いをあたかも自分のことのようになるべく理解し、共感することです。

わたしたちは他人の苦しみを聞くと、和らげてあげたいと思うものです。そのため、次のような慰めや激励などを言いがちです。

「大丈夫。うまくいくよ」
「あなたはよくがんばってるよ。そんなに自分のことを卑下しちゃだめだよ」
「そんなに思いつめることはないよ。誰もあなたのことをそんなに悪く思ってないよ」

でも、わたしたちが深く悩み苦しんでいるとき、慰めを言われたり激励されたりしても、解決しないのはもちろんのこと、気持ちが軽くなることもありません。かえって、「やっぱりこの人も、わたしのどうしようもない苦悩を分かってはくれない」と、いっそう悲しくなったり傷ついたり孤独感を深めたりするものです。そしてホンネが話せなくなります。

そんな例をお話しします。

DVを受けていた女子大生

ある日、一人の女子学生がわたしの研究室を訪ねてきました。亜里沙さん（仮名）という大学四年生で、一年生のときにわたしの授業を取っていたとのこと。話を聴くと、恋人から暴力を受けて悩んでいます。彼は怒ると、彼女を叩いたり罵詈雑言《ばりぞうごん》を浴びせたりするそう。

わたしは亜里沙さんの苦しみの訴えに傾聴しました。彼女の気持ちをなるべく彼女の身になって分かろうと努めました。彼女を慰めたり、元気づけようとしたりはしませんでした。彼女は苦しみに共感されたことによって、明らかに、少し気が軽くなったように見えます。そして恋人と別れることを真剣に考え始めました。

帰り際に亜里沙さんはわたしにこう言いました。

「友だちに彼氏のことを言うと、みんなすぐ『そんな人とは別れるべきよ』と言うから、話せなくなるんです。別れないといけないのかもしれないけど、別れると、こころの底にあるすっごく大きな寂しさを感じてしまいそうで、それが怖いんです……」

苦しむ話し手を安易に慰めたり激励したりすると、話し手は本当の苦しみが話せなくなります。慰めや気休めや励ましではどうにもならない苦しみが、分かってもらえないからです。しかも、慰めや励ましなどが理屈として正しいほど、反論できません。そうしていっそう孤立感を深めることにさえなりかねません。

亜里沙さんの場合であれば、彼女の友だちは「そんな彼氏とは別れるべきよ。もっといい男はいくらでもいるから大丈夫」などとアドバイスや激励を与えたのです。それが理屈としては間違っていないだけに、亜里沙さんは反論もできず、いっそう独りぼっちになっていたのでした。

彼女は、わたしに話して傾聴してもらうにつれ、幼少期からのあまりにつらい親子関係によって深く傷ついてきた過去を、語り始めました。わたしは彼女の気持ちを理解し受け入れることに努めたので、他の人たちには話せなかった深いこころの痛みまで話せるようになったのです。亜里沙さんはわたしに話すにつれ少しずつ強さを取り戻し、ついに、暴力をふるう恋人と別れることができました。

繰り返しになりますが、慰めたり激励したり、あなたの価値尺度で他人をはかって「良い」「悪い」の判定をしたりしたのでは傾聴にならず、深いこころの支えにはなりません。傾聴の本質は、話し手の気持ちを、なるべく話し手の身になって共感的に理解することにあります。

話し手の言うことが「悪いこと」とか「おかしい」としか思えないときは、話し手の何か重要なことを理解できていないときです。そういうときは、相手の気持ちや考えをもっと理解しようというつもりで話に耳を傾けることが大切です。

傾聴のポイント――おさらい

本章の最後に、傾聴のポイントをおさらいしましょう。

・傾聴でいちばん大切なことは、話し手の思っていること、感じていることを、できるだけ話し手の身になって理解しよう、という態度です。

・話を聴くときは、自分のものさしで相手をはかって「良い」「悪い」と判断することは、なるべくしないで耳を傾けるよう、努めましょう。

・相手の感情を、できるだけ自分のことのように想像しながら聴くよう留意しましょう。たとえば、(わー、それはイヤだったろうなあ)(そうなんだ! それはうれしいだろうな)とこころの中で思うような感じで聴きます。

・大きく、たくさんうなずきながら聴きましょう。「うん、うん」「そっかー」「なるほど」など。

・話し手が伝えたい大切なポイントを、ときどき短く言葉にして返しながら聴くと、あなたがよく理解しながら聴いていることが伝わります。

(例)「ええっ！　みんなの前で怒られたんだ！」

「すごく悔しかったのに、言い返せなかったのね」

「すごく思い入れがあったし準備もしたんだ……。それはガックリくるよね」

・相手の話に沿って、相手が話したいことをもっと教えてもらうための質問をしながら聴くと、会話がスムーズに流れます。またそういう質問をするときは、まず相手の言葉を短く繰り返してから質問するとスムーズに会話が進みます。

(例)「へえー、社交ダンスってそんなに楽しいんだ⁉　どういうところが楽しいの？」

「バッグを見せろなんて言われて、イヤだったんじゃない？」

・話し手が深く苦しんでいるときには、安易に慰めたり励ましたりしないよう、留意しましょう。そういう人のこころの支えになりたいときには、その人の苦しい気持ちをなるべくひしひしありありと想像しながら聴き、苦しい思いの中に一緒にいることが大切です。それは聴き手にもつらいものです。でも、それができるほど、苦しむ人の支えになります。

第4章

特別編

それでも「ラクな人」になれなかったら

——隠れた「こころの痛み」の癒し方

癒し方❶

わたしはどうやって変わったか?

分かっているけど、できない……

ここまで、人から「一緒にいてラクな人」と思われるための秘訣をお伝えしてきました。

「緊張は人に伝わるので、リラックスしましょう」

「いちばん大切なことは、自分から進んで人にいいことを与えることです」

「笑顔を人にあげるといいですよ」

「感謝を伝えるといいですよ」

「相手があなたを好いてくれるかどうかはできるだけ気にしないで、ただ相手の良いところを教えてあげましょう」

「こころの中で、人に『ありがとうございます』と頭を下げるといいですよ」
「特に、ご両親に感謝できると幸せが来ますよ」
などなど。

でも、**「そんな道徳みたいなことを言われたってできない！」とか、「そんなのイヤだ！」など、すなおにはできない気持ちが、少しは顔を出しませんか？**

そんな気持ちが出てくるのが普通です。

わたしが提案しているのは、あなたが求めている、一緒にいてラクだと思われる秘訣なのに、「イヤだ」と思う。しかも、特別な知識も技術もお金も要らないのに、「できない」と思う。

そう思ってしまう原因は、こころの奥にある、まだ癒されていない痛みにあることが多いものです。

さらには、一緒にいてラクな人だと思ってもらえない、それどころか疲れる人だと思われてしまう、そのいちばんの原因も、わたしたちのこころの奥にあってまだ癒されていない痛みであることが多いものです。そこで、こころの痛みについて詳しく学んでいくことにしましょう。

わたし自身の生い立ちとこころの痛み

誰のこころにも、癒えていない痛みがあります。

子どものころに受けたままの痛みもありますし、そんな痛みがあるなんて自分では分かっていない痛みも、たくさんあります。

そんなこころの痛みの本質はどういうものなのか、そしてどうしてこころの痛みによって、わたしたちは一緒にいて疲れる人になるのか。それをお話しします。

そのためにこの項ではまず、わたし自身の生い立ちについてお話しします。わたしは決して、一緒にいてラクな人ではありませんでした。

そんなわたしがどうやって変わったのか、そこには「疲れる人になる原因」と、「どうすればラクな人になれるのか」についてのヒントがたくさん詰まっています。

「何を考えているか分からない生徒」

あれは中学三年生のとき。学校が嫌いだったわたしは、友だちが少なく、あまり感動のない少年でした。

また、いじめの対象になったこともあります。

そんな中学時代、今でも忘れられないショックな出来事は、三年生のときの通知表……。

終業式のあと通知表を開いたら、担任の先生が書いたこんな言葉が目に入りました。

「何を考えているか分からない生徒」

わたしは、先生からそう思われていたんだと、そのとき初めて知ったのです。

とても悲しく、イヤな気持ちになりました。

とはいえ、当時のわたしは自分で自分の「感情」をマヒさせていたので、悲しいとか、イヤな気持ちになったとか、そのときの自分が本当にそう感じていたかさえ、正直分かりません。今思えば、そう感じていたはず……と思うのです。

わたしが感情をマヒさせるような子どもになったのは、もちろんわけがありました。

それは親子関係でした。

「ぼくって不幸な子どもだ」

わたしは小学生のとき、「ぼくって不幸な子どもだ」と思っていました。親から拒否されたり、侮辱されたりしてみじめな気持ちで、よく一人で泣いていたことを覚えています。

大人になってから母に聞いたのですが、わたしが生まれたころ、父は安月給を酒や賭けごとに使ってしまい、家にもあまり帰らなかったとのこと……。

世の中が高度経済成長で浮かれている時代。母はひもじい貧乏生活で、食べる物もなくいつもお腹をすかせていました。お乳の出も悪かったそうです。

そんな状況で、わたしに続いて妹が生まれたのです。孤独だった母は二人の子どもを抱え、育児ノイローゼになりました。

そんなある朝、父がふと、当時住んでいた小さな安アパートのせんべい布団をめくると、そこになんと、出刃包丁が置かれているのを見つけました。

その出刃包丁は、一歳のわたしと生まれたばかりの妹が寝ていた敷布団の下に置かれていたのです。

母でした。出刃包丁をそんなところに隠したのは。

母子心中するつもりだったのでしょう。

父はあわてて、母を精神科に連れていきました。しばらくのあいだ、父は母を監視するために仕事を休んで家にいたそうです。それでも母は、幼いわたしと妹を抱きながら、駅のホームに立つこともあったとのこと。

「このまま飛び込めばどんなにラクになるだろう……」

母は、もうろうとする頭でそう考えたと、大人になったわたしにこころを開いて語ってくれました。

両親から離れて暮らす

貧しい暮らしをしていた両親は、共働きをしていました。

パートを掛け持ちしていた母は、昼は事務員をして、夜はビルの清掃。多いときは一日に三つの仕事を掛け持ちしたことさえあったそうです。

とにかく働きづめだったため、わたしと妹を育てるゆとりはありませんでした。

そこで、三歳のわたしと二歳の妹は、父方の祖父母の家に預けられました。両親の家から往復で八時間以上の遠い場所です。

わたしの記憶では、おじいちゃん、おばあちゃんと暮らした数年間はバラ色の日々でした。祖父母にとって小さな孫は、目に入れても痛くない存在。たっぷりと愛情を注ぎ、わたしたちを優しく育ててくれました。

飼われていた大きな犬の「ぺけ」とも大の仲良しになりました。通い始めた保育園の先生も優しく、友だちもたくさんでき、給食もおいしくて楽しい日々でした。両親と離れて暮らしていても、寂しかった記憶はないくらいです。

ところが大人になって、わたしがこころのカウンセリングを受けているときのこと。

とつぜん、寂しさが湧き上がってきました。その寂しさから逃げることなくじーっと感じてみたところ、両親と離れて暮らしていた強烈な寂しさがよみがえったのです。

両親は、忙しい合間を縫ってときどき幼い妹とわたしに会いにきてくれました。短く楽しい時間を過ごしたあと、両親が家に帰るとき、本当はとても寂しかったのです。

夕焼けに小さくなる両親の歩く姿を見ながら、いつまでも大きく手を振り続けていた日のことが脳裏に浮かんだのです。

その寂しさは、当時抑圧され、忘れ去られていました。わたしたちのこころには、つらすぎる感情を押し殺し、マヒさせる働きがあります。わたしはその寂しさを自分でも分からないうちに自動的に押し殺していたのです。

祖父母に愛され、楽しい日々を過ごしたことはウソではありませんが、それと同時に、「バラ色の日々」という記憶は、寂しさを思い出さないようにするための防御の幕でもあったでしょう。

感じないよう押し殺された感情は、自分では分かっていなかったものの、わたしの人間関係にもこころの健康にも、マイナスの影響を及ぼしていました。

感情が鈍く感動の薄い子どもになり、イキイキしたやる気も元気もあまりなく、人に素顔で接するのが怖くてこころを閉ざした子どもになっていたのです。

両親の離婚

祖父母の家に預けられたわたしと妹は、わたしが五歳のときに両親のもとへ戻ることとなりました。

のんびりした田舎の一軒家で、おおらかなおじいちゃん、おばあちゃんに育てられた暮らしから一転。冷たい都会の小さく古い安アパートで、ギスギスした性格の両親との暮らしが再び始まったのです。

そして、ケンカばかり繰り返していた両親は、わたしが小学校に上がったころ離婚し、父は家を出ていきました。それ以来、わたしたちは不安とイライラの強い母のもとで育てられました。

母は、シングルマザーとしてわたしたちを育てるため一生懸命に働きました。でも、そんな母に「バカ！」「アホ！」「弱虫！」などとわたしはののしられたり叩かれたりして、おくびょうで萎縮した子どもになりました。

神経質に爪を噛むクセもつき、からだはガリガリで病弱。授業をしょっちゅう抜けては、保健室に行って横になる子どもでした。

つらい思い出ですが、今思えば、きっと母もつらく苦しかったのだと思います。

そして、いじめの標的に

こころの奥に残っている痛みは、本人は気づかないものですが、人生のさまざまな苦しみや問題の原因になります。わたしの場合も、日ごろの感情や行動に、抑圧された痛みがいろんな悪影響を及ぼしていました。

わたしは小学校でも中学校でもいじめられました。わけもなく蹴られたり、バカにされたり……。自信もなく、萎縮しているわたしのありようを、いじめっ子たちは鋭く見抜き、攻撃の標的にしたのです。

でも、幸せな子どもは人をいじめません。いじめている子たちも、わたしと同じように、親からありのままを無条件に愛してはもらえず、親に対する怒りと悲しみがあって、その波長がわたしと合ったのでしょう。

そのため、「いじめる――いじめられる」という形で、彼らと縁ができたのです。

恋愛がうまくいかない

こころの奥に抑圧されている痛みは、恋愛でも問題や苦しみを生みます。

わたしが大学生だったときのこと。たまにデートに行くと、わたしは、

「ぼくが楽しく過ごせるかどうかはどうでもいい。相手の子が楽しく過ごせるかどうかがすべてだ。相手が楽しければデートは成功だし、楽しんでもらえなければデートは失敗だ」

と思っていました。

今、当時の自分を振り返って思います。それは相手を大切にしているようで、本当は、

「相手に楽しく過ごしてもらえたら、ぼくは男として価値がある」

という隠された気持ちがあったのです。

相手のことを大切にしているようで、本当はそうではなく、自分の喜び・楽しさは犠牲にして、自分の男性としての価値を確かめること、そのために相手から好かれるかどうかばかりを気にしていたんです。

そんなわたしからは、

「ぼくのために楽しいと思ってほしい！　ぼくを好いてほしい！」

という押しつけがましい気持ちがにじみ出ていて、相手にはときとして負担だったこともあったでしょう。

そんなとき、相手の人は「一緒にいてラク」とは感じられなかったと思います。わたし自身がラクじゃなかったからです。自分がラクじゃないと相手はラクになれません。

「古宮さんが本当はいちばん怖いかも」

なんとなくピリピリしている人っていますよね？　抑圧された怒りは、周囲の人たちになんとなく伝わります。

わたしが大学生のとき、所属していた体育会クラブで後輩に言われた言葉がいまだに忘れられません。みんなで雑談をしていたとき、その後輩がこう言ったんです。

「先輩たちの中で、本当は、キレると怖いのは古宮さんだと思うんですよねー」

わたしは、自分のことを民主的で温厚な先輩だと思っていました。先輩ヅラして後輩たちにエラそうにするのは嫌いでした。だから、「キレると怖い」と警戒されるなんて、心外でした！

たしかに、わたしには温厚な面はあったでしょう。でも人から見ると、わたしが抱えていて自分では気づいていなかった怒りが、ふとした表情や言動などに表れていたはず。

その後輩は、わたしといて決してラクではなかったでしょう。怒ったときには、ふだんは抑圧されている怒りが爆発するであろうことに気づいていましたから。当時のわたしのように、自分では気づかないピリピリした怒りを発散している人は、周囲からなんとなく警戒されてしまいます。

カウンセラーなのにカウンセリングもうまくいかない

わたしは臨床心理士であり、心理カウンセラーです。「いい心理カウンセラーになりたい」と強く願って、ものすごく努力しました。世の中にたくさんいる心理カウンセラーたちの中でも、わたしより努力をした人はめったにいないでしょう。

わたしがそれほどの努力をした原動力として、「人々に幸せになってほしい」という愛がその一部だったと思います。しかしそれと同時に、「有能なカウンセラーにならないと、自分の存在価値が感じられない」という**自己無価値感**も、そこにはありました。

ところが、そんな思いで一生懸命にカウンセリングをしても、カウンセラーとしての能力には限界がありました。

カウンセラーにとって、一緒にいてラクな人であることは必須条件です。そうじゃなければ、来談者はこころの壁を取り去って自分のことを話せるはずがありませんから。

しかし、当時のわたしは来談者の方々に向けて、

「わたしを有能なカウンセラーだと思ってください！」

「わたしのことを好いてください！」

「わたしのために良くなってください！」

という思いが、知らず知らずのうちにかもし出されていたはず。

来談者の身になれば、そんなカウンセラーって疲れます。安心してこころを開こうって気にはなかなかなれなかったでしょう。

実際、わたしのカウンセリングはなかなかうまくいきませんでした。来談者の方々は、まだ良くなっていないのにカウンセリングをやめてしまうことが多かったのです。

対話式のカウンセリングは、来談者の気持ちについて話し合いを繰り返しながらじっくり深まってゆきますので、しばらくのあいだ通ってもらうことが必要です。

ところが、セッションの終了時刻になってわたしが「来週もまた、今日のようにお話し合いをしたいと思いますが、いかがですか？」と尋ねると、来談者の方は「えっと……ちょっと自分でやってみます」とか、「うーん……また来たくなったらこちらからお電話します」などと言って、それきり二度と電話がかかってこない……そういうことが多くありました。わたしは「いい心理カウンセラーになりたい」と、ものすごく努力したにもかかわらず、です。そんな挫折の経験を、何度も何度も繰り返したのでした。

そんなこともあり、わたしは自分自身のために、カウンセリングをたくさん、たくさん受けました。通算すると十年間以上受けてきました。そのあいだ、さまざまな深い癒しと変容の体験をしましたが、ここでは中でも特に記憶に残っているものをお話しします。

カウンセリングを受けることに対する恐怖感

大学三年生のとき、将来の職業としてカウンセラーを目指そう、と思いました。そしてそのときの先生が「カウンセラーになる人は自分がカウンセリングを受けることが大切です」とおっしゃったのを聞いて、「へぇー、そんなもんなんや」と思ったわたしは、「じゃ、カウンセリングを受けてみよう」と決めました。

と、決めたはずだったのですが、実際はすんなりとはいきませんでした。カウンセリングを受けることに対する恐怖があったのです。

わたしが通っていた大学に「学生相談室」があり、そこにはプロの心理カウンセラーの先生がおられました。その部屋は、古くて暗い校舎のはしっこのほうにありました。人があまり通らない場所でした。

学生相談室の前まで来て、ドアをノックしようと思うのですが、いざとなるとどうしても勇気が出ません。そのままドアから離れて廊下に出ます。廊下のはしまで歩いては、また相談室のそばに戻り、また離れる。そんなふうに暗い廊下を一人ウロウロと行ったり来たり。結局、二時間ぐらいそうしていたと思います。結局その日は勇気が出ず、トボトボと帰りました。

そんなことをあと一、二回繰り返したと思います。そんなある日、わたしは思いを寄せていた同級生のかわいい女の子に電話をし、思い切ってデートに誘いました。するとその子は、今月も、来月も、再来月も、ずっと忙しいとのこと。フラれたのです……。

「くっそーっ！　オレをフリやがってぇー！」

わたしはその悲しさと悔しさをぶつけました。

「だったらカウンセリングに行ってやるぅー！」

今思うとヘンなぶつけ方でしたが、ともかく、そうしてわたしはついに、学生相談室のドアを叩くことができたのでした。「カウンセリングを受けるぞ」と固く決意したつもりから半年もあとのことでした。それぐらい、カウンセリングを受けることは怖かったのです。

初めてのカウンセリング体験

学生相談室のカウンセラーの先生は四十代ぐらいの女性でした。わたしは週に一回、五十分のカウンセリングに通い始めました。

話す内容は、相談室のソファに座ったときに心に浮かんだことがらでした。わたしはほとんどずっと下を向いたまま話しました。今思うとそれは、カウンセラーの先生がわたしの話すことについて、「ヘンなことを言うなあ」とか「けしからん」などと悪く思っているんじゃないか、と不安なあまり、先生の顔を見ることができないからでした。

わたしのその反応は、わたしが当時持っていた対人不信の表れでした。わたしは基本的に、「人は本当のぼくを知ると、怒ったり悪く思ったりする」と感じる傾向があったのです。

そんなわたしでも、通って話をしていくうちに、何を話しても先生は理解しようとしてくれて、受容的に聴いてくれるということがだんだん分かってきました。そうしているうちに、自分の本当の気持ちを話したって人が嫌いになるとは限らないことを実感しました。それとともに、わたしは自分自身の本当の気持ちを受け入れることが、少しずつできてきました。

性格がキツそうで怖い

またある時期には、そのカウンセラーの先生のことを怖く感じるようになりました。「あの先生は性格がキツそう」と感じたのです。

そんなある日、その先生のことを知っている友だちと雑談をしているとき、「ぼく、あの先生が怖い」と話しました。するとその友だちは意外そうな顔で「え、どうして怖いの？」と尋ねかえすじゃありませんか！　わたしには、その友だちが意外だったことが意外でした。だってあのカウンセラーの先生は、誰が見ても、いかにも性格がキツそうな人じゃないですか！

でも、「どうして怖いの？」と意外そうに質問されて考えてみると、その先生を怖がる必要はさらさらないことに気がつきました。言われてみれば、その先生に叱られたことも脅されたこともなかったのです。

その翌週のカウンセリングのとき、わたしは「先生は性格がキツそうで怖いんです」と話しました。先生はいつものように、わたしの気持ちを否定することなく、気を悪くすることもなく、わたしの気持ちを聴いて受け入れてくれました。

そうして話していくうちに分かったんです。わたしが子どものころに感じていた怖い母親像を、カウンセラーの先生に投影していたことを。母はイライラの強い、短気な人でした。

また、カウンセラーの先生に対するわたしの反応は、自分でも気づかなかった女性恐怖症の表れでした。わたしは女友だちはたくさんいましたが、それでもこころの中には女性への恐怖心があったのです。そのため恋愛にはとっても奥手で、恋愛を楽しむことはできませんでした。

先生を怖いという気持ちは、それを話して受け入れられたとき、消えました。それとともに、女性を怖がる気持ちも減りました。もっとも当時は、女性への恐怖心があったことにも気づいておらず、自分では分からないうちに、異性との交流がその分だけ乏しいものになっていたのでしたが。

そのカウンセラーの先生とのカウンセリングは、大学を卒業するまで二年間ぐらい続けました。そしてわたしは、カウンセラーになりたくて米国の大学院に進学しました。

米国でのカウンセリング経験

外国に住み、競争の厳しい大学院で、慣れない外国語を話し、毎日大きなプレッシャーを受けながら暮らすのは、たいへんなことでした。わたしは米国でも何人かのカウンセラーと会いました。

あるとき、友だち関係がうまくいかず、すごくつらく苦しい時期がありました。そこで大学の保健室に行きました。担当してくださったのは三十代ぐらいの女性のカウンセラーでした。彼女はわたしの話を聞くと、

「あなたはうつだから薬が必要だわ。今日ここで医師との予約を取っていきますか？」

と提案してくれました。でも、不服だったわたしは断りました。

何が不服だったのでしょう。今振り返って考えると、そのカウンセラーの「う

つは病気だから医師と薬が必要」という画一的な思い込みが感じられたんだと思います。わたしがカウンセラーに求めていたのは、心理状態を診断して薬で症状を抑えようとすることではなく、彼女が「うつ」と呼んだその苦しみに、一緒に取り組んでくれることだったのです。そのカウンセラーのところに行くことは二度とありませんでした。

次いでわたしは学生相談室に行きました。待っていたのは老齢で髪の真っ白な女性カウンセラーでした。彼女は「あなたはうつだ」とも、「薬を飲みなさい」とも言いませんでした。彼女はわたしの話を、「うん、うん」とよく聴いてくれたのです。

彼女はわたしの話すことについて「そんな考え方はいけません」とも「そんなことをしてはいけません」とも言わないし、反対に「それはいいことですからもっとしなさい」とか「そう考えるのが正しいです」とも言いませんでした。彼女の個人的な「善悪」や「好き・嫌い」や、「正しい・間違っている」といった判断は、いっさいなかったのです。ただ、わたしのことをわたしの身になって共感し、理解し、受け入れてくれたのでした。

わたしが何を話したのかは覚えていません。ただ、苦しむわたしをそのまま無条件にあたたかく包み、受け入れてくれる、その安心感だけを覚えています。

そんなカウンセラーにわたし自身のことを語ってゆくにつれ、こころに抑え込まれていた感情が自分のペースで徐々に表れてきました。その感情を語り、感じ、それを受け入れられ理解される、そういうセッションだったと思います。

そんな対話によって、わたしのこころは解放され、ラクになり、感じ方も考え方も行動も、少しずつ変化したのでしょう。彼女が週一回のセッションを通して支えてくれたおかげで、わたしはそのつらい時期を乗り越えることができました。うつの薬は不要でした。

〝ボディ・サイコセラピー〟

心理カウンセリング（心理療法、サイコセラピー等とも呼ばれます）は、そのように対話によって行なわれるものがほとんどで、わたしはそういう種類のカウンセリングを、通算で五〜六年ぐらい受けたと思います。

しかし対話型カウンセリングのほかに、呼吸やからだの動きを通してこころに入ってゆく、〝ボディ・サイコセラピー〟等と呼ばれるカウンセリングもあります。日本で暮らすようになってから、そのカウンセリングに数年間通いました。

ある日のボディ・サイコセラピーのセッション中のことです。

「ぼくは有能でなければこの世に存在している価値が低い」

という思いが湧き上がってきました。

同時に、深い悲しみが全身にカーッと湧き上がりました。熱い感情で、とりはだが立ちそうになりました。そのときわたしは、こころの奥底にそんな思いと感情がずっとあったことを初めて知ったのでした。

有能でなければ存在価値が低い、ということはつまり、

「ぼくは本来は、存在価値の低い人間だ。だから、有能になることによって存在価値を勝ち取らないといけない」

と信じているということです。

つまり、**わたしは自分自身のことを、本質的に低価値だと感じていたのです。その自己無価値感の悲しみを、そのとき初めてはっきりと感じたのでした。**さらにわたしは思いつくことを話してゆきました。すると、「ぼくは価値が低い」と

信じる原因になった出来事と、それにまつわる感情が一つずつ思い出されてゆきました。

たとえばわたしは子どものころ、母に「バカ！　アホ！」とののしられたり、顔をひっぱたかれたりしました。そのときどれほど悲しく、悔しかったか。また、ひ弱だったわたしは、両親の「強い男の子でいてほしい」という期待に応えることができず、そのことでどれほど劣等感を抱いていたか。

それらの気持ちを語り、ありありと感じる、それを繰り返すたびに、わたしは少しずつそれらの感情から解放され、ラクで自由になっていきました。

またそんな対話を通して、自分自身についての見方と感じ方も変化していきました。

たとえば、子どもだったわたしを母がののしったのは、わたしが「ダメな子」だったからではなく、母はあまりにつらくて苦しかったために、わたしを受け入れるゆとりがなかったからだ、と知識としてではなく腑《ふ》に落ちて感じられるようになりました。

また、両親の「強い男の子でいてほしい」という期待通りの自分にはなれなかったけど、自分には別の長所があるんだからそれでいい、と感じるようになりました。またさらには、両親がわたしにそんな期待を向けたのはわたしを大切に思っていたからだ、ということも感じられるようになりました。

カウンセリングでこのような変化を経験するたびに、わたしは少しずつ変わっていきました。その変化とともに、わたしはカウンセラーとして、「来談者から悪いカウンセラーだと思われたらどうしよう」という不安が減少しました。それとともに、カウンセリングが以前よりうまくいくようになりました。

抑圧されていた感情の解放

また、「ディープ・ブレス」という方法の心理療法を受けていたときのこと。幼少期からこころにあって抑え込まれていたさまざまな強い感情が湧き上がってきました。心理療法の安全な環境の中で、それらの感情を感じてゆきました。湧き上がった激しい怒りを感じきるとそれが収まる。しばらくすると次は深い悲しみが湧き上がる。それを充分に感じて表現すると収まる。そしてしばらくすると別の怒りが湧き上がる……そんな過程を繰り返すたびに、たまっていた感情が流れて消えてゆくのが感じられるのです。

そのセッションが終わってから、自分でもそれまで気づいていなかったこころの緊張が軽くなりました。緊張や重荷が取れたとき、こころもからだも軽くなり、「ああ、今までこんなにカタかったし重かったんだ!」と気がついたのです。[6]

ディマティーニ・メソッド®を受けたきっかけ

わたしは、ディマティーニ・メソッド®と呼ばれるこころの援助法も受けてきました。それを初めて受けたのは、かつて同じ職場で働いていた上司に対する怒りを解決するためでした。職場のほとんどの人がその上司に腹を立てていました。とても理不尽な要求をするとか、人々の意思を無視する、と感じていたからです。

わたしもその一人でした。ある日の会議ではこんなことがありました。議題の一つについて、わたしはその上司にあらかじめ伝えておくことを忘れていました。会議が始まり、わたしが準備した議題一覧に沿って話し合いが進みます。

そして、わたしがその上司に伝え忘れていた議題になりました。彼はわたしに、「古宮くん、この議題は何のことだね？」と尋ね、わたしは「あ、お伝えし忘れていました、これはこうこうです」と説明しました。たいして重要な議題ではなく、その会議はそうしてすぐ終わりました。

ところがその日の夜、残って仕事をしていたわたしのところに、とつぜん上司から怒りの電話がかかってきたのです。

「古宮くん、キミね、最近調子に乗り過ぎじゃないか！」

「え⁉……」

「今日の会議でわたしを無視して、どういうつもりなんだ！　わたしをバカにしてるのか！」

「え⁉……」

6　ヴォルテックス有限会社が、「エネルギー・マスター」という名称でディープ・ブレスをもとにしたセッションを行なっています。それによって多くの人々が、深いこころの痛みを癒し、幸せへの障壁を取り去っています。

上司はその調子でわたしをしばらく怒鳴りつけると、いきなりガチャッと電話を切りました。

わたしは電話のあと猛烈に腹が立ちました。そもそも上司が会議の準備をロクにしないから、わたしが代わって会議の準備や議題整理などをしていたのです。それ以外にもわたしは、その上司が本来行なうべきさまざまな仕事を代わりに行なっていました。電話のあったときだって、わたしは多くの仕事を抱えて職場に残っていたのに、上司はさっさと帰宅して自宅からかけてきていました。しかも、問題となったその議題は重要な議題ではありませんでした。

わたしは上司に対して、そのこと以外にもいろいろなことで腹が立っていました。ですから「あと何年で、定年になって辞めてくれるんだろう」と計算したり、「病気にでもなって早く辞めてくれたらみんな迷惑しなくて済むのに」と思ったりもしました。

わたしには、自分自身のその怒りが、苦しかったです。その上司と顔を合わせるのも怖く苦痛でした。

愛と感謝の涙があふれてきた

わたしたちには、「愛したい」という深く強烈な欲求があります。愛することができないとき、深いレベルで苦しみます。だからたとえば子どもを虐待する親は、自分自身のそんなあり方にすごく苦しんでいるもの。

それはともかく、わたしはその上司に対する怒りを解決したくてディマティーニ・メソッド®で自分のこころに取り組みました。するとがんばった甲斐あって、取り組みの苦労をはるかに上回るプラスを得ることができました。

その上司との出会い、その上司がわたしにしたこと、そのすべてがわたしの将来の目標達成に役立っていることが分かったのです。たとえば、会議では事前の準備が大切であることが身に染みて分かりました。また、根回しの大切さも学びました。誰かが会議で「無視された」と感じる可能性のある言動をわたしがしたときには、たとえささいなことであっても、敏感にそのことに気づいて会議が終わりしだい真っ先にその人にお詫びする必要があることも知りました。また、相手に腹が立ったときに我慢して上手にやりすごすことを覚えました。

それらはすべて、わたしが今後、組織のトップとして結果を出すために必要な学びであり、能力だったのです。ぼーっとしていたわたしは、その上司がしてくれたぐらいインパクトを込めてメッセージを伝えてくれなければ、それら重要なことを学ばなかったでしょう。

さらには、周囲の人たちもその上司に困っていましたので、数名の人たちと集まって「部長対策会議」を開き、彼の言動についてどう対処すればいいかを話し合う機会を、何度も持ちました。そのおかげでその人たちと仲良くなり、団結が強まりました。わたしにはとてもありがたい仲間でした。

わたしたちは、誰かとの仲が疎遠になったとき、他の誰かとの関係が近くなっています。誰かから攻撃されているときには、同じだけの強さで誰かからサポートされています。

わたしは、職場の人々との団結が強まったことなどを含め、その上司から他にも多くの貴重な恵みをもらっていたことに気がつきました。そのとき、その上司に対する愛と感謝の思いがあふれてきました。これからも元気でいてほしいと思いました。

その日以来、上司とわたしの関係はずっと良くなりました。わたしが自分自身の変化をありありと感じたのは、他の人が「部長にはイヤになる！」と怒っているのを見たときです。「あ、ぼくもつい先日までこうだった」と、自分の変わりようにはっきり気がついたのでした。

母親に対する気持ちも大きく変わった

わたしはそれからも、ディマティーニ・メソッド®を何度か受けました。たとえばそのうち一回では母を対象に行ないました。

そのワークを通して、わたしは母が情緒不安定でイライラも不安も強い人だったからこそ、貴重な宝物を得ていたことに気がつきました。

たとえば、わたしはそんな母に育てられたからこそ人間のこころに強い関心を持つようになりました。また、そうして興味が内面に向いたことから人間的成長に高い価値を置く自分になったのも母のおかげでしたし、さらには生きる意味とスピリチュアリティに深い関心を抱くようになったのも、幼少のころのつらい時期があったからです。

また、母は不安やイライラが強かったため、わたしは母の顔色をうかがう子どもになりました。そのおかげで、人の心理状態を敏感に察することができるようになりました。そのことは、カウンセラーとして来談者の気持ちを察する能力として役立っています。

さらには、わたしは心理カウンセラーを育てている経験から次のことを感じています。

「人の苦しみに深く共感するカウンセラーとしての能力は、自分自身がこころの傷つきを経験し、さらにそれからの癒しと変容を経験することによってこそ、その素地ができる」

そして、まさに母のおかげでわたしはその経験をすることができているのです。

つまり、わたしが今の職業と成長を通して得てきたとても多くの貴重な宝物（生きがい、人脈、経験、洞察、収入など）は、まさにわたしがあの母親に育てられたからこそ、得られているのです。

これらのことが腑に落ちたとき、母がわたしにさまざまな試練を与えてくれたことに、こころから感謝の気持ちが湧いてきました。

それは「母を許す」という境地ではありません。「許す」という言葉には、「相手が悪いことをしたけど責めないことにする」というニュアンスがあります。しかしディマティーニ・メソッド®で得られる境地は、「許す」というものではなく、相手の行動や人格について「それをしてくれてありがとう」「そのあなたでいてくれてありがとう」という、無条件の愛と感謝です。

今ではわたしは母と、自分の人生においてもっとも仲良しの関係になっています。

人といてラクになった

わたしはここまでお話ししたもの以外にも、多くのカウンセリング体験を重ねました。それを通して、自分のことがだんだん無条件に好きになっていくとともに、さまざまなことが変わっていきました。

力が抜けたので、人といてラクになったし、気持ちが安定しました。そしてわたし自身が人といてラクになるほど、人々はそんなわたしといることがラクになりました。気分の浮き沈みがとても少なくなったし、自分の気持ちを人に伝えることも上手になりました。また人間関係の問題もずっと減ってきました。

ここまで、わたしの過去の経験をお話ししてきました。そこには一緒にいてラクな人になるために大切なヒントがたくさん詰まっています。

次の項で、それらについてあらためて学んでいくことにしましょう。

癒し方❷

専門家の助けを借りて「こころの痛み」を癒す

こころの痛みは「疲れる人」になる大きな原因の一つ

前項では、わたしの生い立ちとこころの痛みについて、そして癒しの体験についてお話ししました。この項では次の三つについてお話しします。

①わたしの生い立ちおよび心理カウンセラーとしてのプロ経験から見えてきた、こころの痛みの本質。
②こころの痛みによって、なぜ一緒にいて疲れる人になるのか。
③こころの痛みが心理カウンセリングなどでどう変化するのか。

わたしは、第1~3章で「一緒にいてラクな人」になるための方法をお伝えしました。でももしかすると、それらを試しても不十分だと感じられることもあるかもしれません。また、たとえ以前よりもラクな人になれたとしても、こころの痛みを癒すことでさらにラクな人になれるものです。

ですからここからは、「一緒にいて疲れる人」になる大きな原因の一つである、こころの痛みについて学んでゆくことにしましょう。

親から無条件に愛されなかった、こころの痛み

わたしたちは子どものころ、お父さんとお母さんから、ありのままの自分を無条件で愛して、受け入れて、認めてほしい、と強く願いました。

それなのに、

「いい子だったら愛してくれるけど、そうじゃなかったら愛してくれない」

「成績が良かったら認めてもらえるけど、成績が悪いと認めてくれない」

「お母ちゃんから怒られた」

「お父ちゃんに叩かれた」

「口をきいてくれない」

「嫌われた」

といった思いを、あなたもしたことがあるはずです。それも、繰り返し何度も何度も。そんなとき、幼くて傷つきやすいわたしたちのこころは痛みました。

そうして負った古い痛みは、癒されることなくこころの奥にそのまま残っています。

子どものころからのこころの痛みのために、人との関係が難しくなる

子どものときのこころの痛みのせいで、人との関係が難しくなります。なぜなら、不安なことが起きると、痛みを負った子どもの部分がワッと出てくるからです。

不安な出来事とは、たとえば……。

初対面の人に会ったとき、人前に出たとき、先生や上司と話をするとき、好きな人が冷たい態度をしたとき、人が関心を向けてくれないとき、フラれたとき、責められたとき、テストの点が悪かったり、不合格になったりしたとき、などな

ど。

そんなとき、子どものころからのこころの痛みが大きいほど、理性と分別ある大人のこころが反応するのではなく、傷つき怯える子どもが反応します。

こころの中にいる傷ついた子どもは、ひどい恐怖を感じるかもしれません。

「また見捨てられる！」

「また拒絶される！」

「また傷つけられる！」

または、ものすごい寂しさでいっぱいになるかもしれません。

「また独りぼっちだ」

「自分のことなんか、誰も愛してくれない」

または、抑えきれない怒りと憎しみが湧き上がってどうしようもなくなるかも

実は「こころの痛み」が原因かも？

しれません。

「イヤだ、イヤだ！」

「猛烈に腹が立って、どうしようもない！」

「こんなに傷ついているのよ！　分かってよ！」

わたしたちのこころにいる傷ついたままの子どもの部分がそうして暴れるとき、人間関係を壊してしまいます。大切な人を傷つけたり、人から悪く思われることがすごく気になったり、人との距離の取り方が分からなくなったり、自分を傷つけるような人ばかりを好きになったり、など。

傷ついた子どもは、与えることをイヤがる

わたしは「一緒にいてラクな人になるには、いいもの・ことを自分から人に与えることが大切です」とお話ししましたが、あなたのこころに、そんなのイヤだとか、そんなことはできない、という思いが湧いたかもしれませんね。

「いいもの、ことを先に人に与えるって、わたしは人格者じゃないし、できないわ」

「自分から与えるばっかりで、もらえなかったらソンじゃないか」

そう感じる人も多いもの。そんな思いがちょっとは湧くのがむしろ普通だと思います。

そして実は、わたしたちのこころにいる「傷ついた子ども」の部分が、そんな感じ方をするんです。なぜ、こころにある傷ついた子どもの部分は与えることに抵抗したり無理だと主張したりするのでしょう？

子どもは、親からすべてをしてもらうのが当たり前です。ご飯を作ってもらい、服や必要なものを買ってもらい、学校に行かせてもらい、病院にも連れて行ってもらい、その他もろもろの世話をしてもらっても、幼い子どもはお金を払うわけでもないし、「ありがとう」のひとことさえ言わないのです。

それが当然のこと。

ところが、そのころに十分に世話と愛情をもらえなかったら、その子どもの部分はわたしたちのこころの奥で、「もっと愛してよ、もっと世話をしてよ、もっと関心を注いでよー」と叫び続けています。

大人になっても、あなたのこころの中で叫び続けているのです。そして「もっと欲しい、もっと欲しい」と求め続けます。

「こうしてくれて当然なのに、ああしてくれて当たり前なのに、してくれない……」

自分がもらうことを求めて、いっぱいいっぱいなのです。いつも足りないと感じていて、人に与えるゆとりはありません。

だから自分でも気づかずに、人の愛を奪い、人のエネルギーを奪い、人の時間を奪い、人の関心を奪います。ところがそれでも、まだ足りない、まだ足りない、と感じます。人々があなたのためにしてくれたことへの感謝よりも、してくれなかったことへの不満が先に立つこともしばしば。

そうなると、「感謝を伝えましょう」とか「相手の良いところを教えてあげましょう、ほめましょう」というアドバイスに対して、「そんなことイヤ」とか「できない」と感じます。または、そうするのがいいことだ、と頭では分かっていても行動に移せなかったりします。

その結果、人間関係が「ウィン－ウィン」ではなく、知らず知らずのうちにあなたが相手から奪う関係になってしまいます。そして相手には、そんなあなたといることが負担になり、疲れます。相手の人は、

「この人は何をしてあげても満足してくれない。これ以上奪われたんじゃたいへんだ」

と思ってあなたから距離をおき、こころを閉ざすことになります。

自分がもらうために与えるとき

親切にはしてくれるんだけど、その人の親切ってなんかあまりうれしくない……そんな人っていますよね？　それは相手の人から下心やプレッシャーなどを感じたからかもしれません。

「これをしてあげるから、次は○○してよ」とか、

「こんなにステキなプレゼントをあげるから、ぼくを好きになってくれ」

など、その人の親切に見返りを求める思いがくっついているときです。

ただあなたに喜んでほしいからプレゼントをしてくれたとか、純粋にあなたを

助けようとして車で送ってくれたならうれしくても、相手から見返りを要求されていると感じると、喜びもなくなるでしょう。

そして人に何かを与えようとするとき、こころの底に「わたしは無条件に愛してもらえなかった」という欠乏感を抱いたままだと、「お返しにいいものをもらおう」と秘かに求めてしまいます。

でも、そのように自分がもらうことを求めて人に与えるとき、その求める気持ちは相手に伝わります。すると、あなたの優しい行為も相手には負担になります。

そしてあなたは、

「こんなにしてあげているのに、感謝してくれない、分かってくれない」

ということになり、腹が立ちます。相手を責めます。

自己嫌悪

また、そのように相手に腹を立てて責めたくなる自分自身のことが、あまり好きだと思えないでしょう。人として器が小さく思えたり、人に純粋に与えることができない自分のことが、自己中心的な人間に感じられたり……。

でも本当はそれは、愛がないのではなく、自分がアップアップだから今は与えるゆとりがないだけなのです。

たとえば、とっても愛の深い人が海でおぼれそうになっているとしましょう。その人は水の中で死にそうでパニックになっているときに、

「そう言えば風邪ぎみだったあの人は元気になったかな？　メールでもしてみよう」とか、

「一週間前にヘコんでたあの人は大丈夫かな？　今夜でも電話してみようかな」

などと考えるでしょうか？

もちろん、そんなことを考えるはずがありませんよね。愛あふれる人だけど、おぼれている最中に人のことを思うゆとりはないからです。

こころに痛みを抱えた人も同じです。

本当は愛でいっぱいなのに、傷ついた子どもがこころにいて、自分がもらいたくていっぱいいっぱいなので、人のことを思うゆとりはとてもありません。だから人を傷つけたり、与えることができなかったりします。たとえ与えるときも、

押しつけがましかったり、見返りがほしいから与えていたりします。

マイナス思考も、過去から抱えているこころの痛みから

すぐ、「わたしが悪いんだ」とか、「またうまくいかなかったらどうしよう」などとマイナスに考える人も、一緒にいて疲れますよね。

そのように、ものごとについてマイナス面が目立って見えたり、プラス面が見えづらくなったりするのも、過去から抱えているこころの痛みがその原因の一部になっているものです。

なぜなら、幼いときに感じた寂しさと怒りが、今もずっとこころの中に渦巻いて悶々《もんもん》としているからです。わたしたちのこころは、ふだんはそれらのつらい感情をなるべく感じないようにしようと、自分でも気づかないうちに感情を抑えつけていますが、それらの感情はちょっとしたことですぐワッとこころの表層に出てきます。ちょっとうまくいかないことがあったり、人から悪く思われたんじゃないかと思ったりすると、です。

そんなとき、幼いころ親から拒絶されたと感じたときに抱いた「わたしは悪い

子だ」という思いが、ワッと湧き上がります。そうして「自分が悪いんだ」「自分はダメだ」と思うのです。

さらに、わたしたち人間のこころには、過去に遭遇した危険を恐怖とともに強く記銘する働きがある、と前にお話ししました。それは生存のために重要なメカニズムです。ですから、親に依存していた幼い子どものころに、「親に嫌われた」とか「見捨てられた」という恐ろしさを強烈に感じた人ほど、その感情をしっかり覚えていて、「またあんな危険なことになったらどうしよう」と怖れます。

そして「誰かから拒否されそうな兆候が少しでも見えたら、見捨てられずに済むよう、すぐその人のご機嫌を取らなければならない。そのため警戒しておかないといけない」といつもビクビクしています。

その結果、すぐに「人から悪く思われているんじゃないか」とか、「またうまくいかないんじゃないか」というマイナス思考にとらわれてしまうのです。

傷ついた子どもの部分が、人に対する緊張を作る

わたしは、「緊張すると相手にそれが伝わって相手も疲れるから、リラックス

しましょう」、そして「笑顔が大切です」とお伝えしました。

でも、そもそも人といると緊張したり、笑顔になれずカタい表情になったりするのも、過去から抱えてきて癒されていないこころの痛みによるものなんです。

こころの痛みとは端的に言えば、「そのままの自分のことを大切な人から愛してもらえなかった」とか、「大切な人から拒絶された、攻撃された」といった感覚です。

それが傷ついた子どもという感覚としてこころに残るわけですが、その子どもの部分は、愛されなかった深い寂しさを抱えています。しかしその寂しさを感じるのはつらいため、安心したくて、人々からの愛情と関心を強烈に求めます。ところがそれと同時に、

「人は、本当のぼくを知ったら、過去の親（または他の大切な人）のように、またぼくのことを拒絶するんじゃないか（攻撃するんじゃないか、など）」

と信じています。

つまり、愛されたくて、好意的な関心が欲しくてたまらないのと同時に、本当の自分を知られたら愛してもらえないだろう、と信じてもいるのです。その矛盾

する思いが、人々への不信感や人見知りの原因です。だから人といると緊張するし、表情がカタくなって自然な笑顔も出なくなります。

傷ついた子どもの部分は、幸せになる責任を引き受けない

誰かがちょっと気に入らないことを言うとすぐ不機嫌になる人って、一緒にいて疲れますよね。それに、「ああしてよ、こうしてよ」と要求がましい人も。

そんな人は、「わたしの気分を良くするのも悪くするのもあなたの責任よ」と思っているようで、相手はその要求がましさを感じて気を使うのです。

一緒にいてラクな人になるには、自分の責任を自分で引き受けることが必要です。自分の感情の責任を相手に負わせるなんて、相手にとってはたまったものではありません。

そして自分の感情の責任を引き受けず、他人にその責任を押しつけようとするのも、傷ついた子どもの部分がすることです。そのことについて説明します。

子どもは、親から十分な愛情や関心やケアを与えてもらえるはずです。ところが、十分に与えてもらえず、それどころか傷つけられてしまったら、子どもは自

分のことを無力な被害者、哀れな犠牲者だと感じます。子どもは無力ですし、親からあたたかく愛されて当然だと思っているのに、そのようにしてもらえずに傷ついたからです。

そのため、大人になっても、十分に愛されず傷ついたこころの中の子どもの部分は無力な被害者、哀れな犠牲者のままでいて、自分を幸せにする責任を誰かに負ってもらおうとします。自分の人生の責任を引き受けるのは大人のすることで、そんなことはイヤなんです。そんな大人の責任は荷が重すぎて、自分にはできないと感じるのかもしれません。

だから、

「わたしが不幸せなのは他人のせいなんだから、他人がわたしを幸せにするべきだ！」

と叫んでいます。

人を救おうとせずにいられないことがある

それからまた、こころの中にいる愛されず傷ついた子どもの部分は、不幸な他人を見ると、救おうとせずにいられなくなることがあります。「わたしを幸せにする責任は他人にある。ということは、他人を幸せにするのはわたしの責任だ」と感じるのです。

そのため、他人を救おう、救おうとします。そんな人の優しさってなんとなく押しつけがましいので、相手は親切にしてもらってもあまりうれしくないんです。

そういう人の優しさって、本当にあなたのためというよりも、人を助けることによって自分が必要とされていると感じたくて行なっていたり、「あなたのおかげ」と感謝されるために行なっていたりします。その下心が、本人は分かっていなくても周囲の人には感じられるので、優しい行為もあまりうれしくないし、かえって重荷に感じられることさえあります。

そういう人って、一緒にいて疲れます。

受け取りベタ

人の厚意を受け取るのがヘタな人は多いもの。あなたが、純粋な好意でプレゼントをしても「そんな、いいわよ、いいわよ」と遠慮感バリバリだったり、お世話になった感謝の気持ちで食事をごちそうしようとしても、すなおにおごらせなかったり。

そのように、人の厚意を受け取ることが苦手な人の多くは、親から無条件に愛されているという実感が乏しく育ったため、自分は愛される価値の低い人間だという思い込みがあるものです。

たとえば、親が優しくしてくれたときも、そこに「あなたのために○○をしてあげるから、その代わり□□しなさい」と求める思いがともなっていることがあります。それを感じて育った人は、他人の優しい行為には見返りの要求が一緒にくっついている、と感じてしまうため、すなおに受け取れません。

また別のパターンでは、両親が仲違いしないよう夫婦関係の調停役を子どものころから担ったり、幼い兄弟姉妹たちのために自分のことはそっちのけで親代わりの重い責任を担って育ったりした人がいます。そんな人は、家族のために自分を犠牲にしなければ存在価値が感じられませんでした。そのため大人になってもそのパターンを繰り返し、人の世話ばかりしようとしてしまいがちです。

子どもらしく甘えていたのでは、親から存在を認めてもらえない、と感じて育ったのです。

そうして育った人のこころには、「しっかりした子」じゃないといけなかった悲しさ、寂しさ、そして怒りがあるものです。

さらには、受け取るのがヘタな人は、受け取ることを自分自身に許すと、「もっと欲しい、もっと欲しい」と甘え欲求が際限なく湧き出てきそうに思え、それが怖くて、人の厚意に甘えられない――そんな心理が働いていることもあります。

傷ついた子どもは、自分の誤りも欠点も認めず隠したくなる

自分の欠点を隠して完璧だと見せようとする人って、一緒にいて疲れますよね。また、自分の誤りを認めない人もそうです。

自分を完璧に見せようとしたり、自分の誤りをすなおに認めることができず、かたくなになったりするのも、幼いころのこころの痛みが原因なんです。

子どもはありのままの自分がそのまま受け入れられ、愛され、大切にされてい

る、と感じられないとき、すごく悲しいし、寂しいし、同時に「お父ちゃん、お母ちゃんはどうすればわたしを認めて愛してくれるんだろう?」と気にするようになります。

そして、たとえば「明るい元気な子だったら認めてくれるけど、弱かったり元気がなかったりしたら拒絶される」と思ったら、親の前では明るく元気なフリをする子どもになります。そういう子どもが大人になるとしばしば、「いつも明るく元気そうにしないといけない」と信じるようになります。

同じように、「成績が良かったら親は認めてくれる」と感じた子どもは成績や学歴をすごく気にするようになり、大人になると、「頭が良くて優秀だと人から思われないといけない」と感じるようになります。

つまり、子どものころに親とのあいだで繰り返したパターンを、大人になってからも他の人々とのあいだで繰り返すのです。

そんなパターンの底には、親からそのままの自分を認めて愛してはもらえなかった、こころの痛みが隠れています。その痛みが激しい人ほど、自分で欠点だと思っている部分を他人から隠そうとせずにおれなくなるのです。

同じように、何かに失敗して親から拒絶された、と感じた子どもは、大人になると自分の誤りや落ち度を認めることが難しくなります。それを認めることは、その人のこころの深いところでは、親の愛情を失うことを意味するからです。それは、子どもにとって耐えられない恐怖です。

そのため、誤りを認めることがとても難しくなります。もっとも自分では、そんなこころの動きがあることになかなか気づきません。

他人を攻撃したくなる心理

自分の狭い道徳基準のものさしを他人に当てはめて「あいつはけしからん」「あの人はダメだ」と他人を批判する人も、一緒にいて疲れるもの。

そして、人に対する攻撃心や批判的な思いが容易に湧いてくるのも、幼いころのこころの痛みが根本原因なんです。

赤ん坊は、道徳的な規範なんか持って生まれてきません。「勤勉なのが立派だ、怠惰はいけない」とか、「いや、働いてばかりのヤツは面白みがない。遊びもできないヤツはダメだ」とか、「勉強のできる人間がエラい」とか、「男は強くあるべきだ」とか……。

規範やルールはまず親が教えます。続いて学校の先生などの大人や友だちが教えるようになります。

そのとき、親から「規範を守っても守らなくても、わたしたちはあなたを心底愛している」という（無言の）メッセージをたしかに受け取る子どもがいます。反対に、「わたしの規範にあなたが従うなら認めて受け入れるけど、そうじゃなければあなたを拒絶する」というメッセージを強く受け取る子どももいます。

そして、「規範に従わなければ拒絶する、愛さない」という（無言の）メッセージを強く感じて育った子どもほど、ありのままの自分を無条件に愛してはもらえない悲しみと寂しさ、そしてそんな親への怒りをこころの底に抱きます。

そして、自分の感情や行動のうち、親の規範に合うものだけを認め、そうじゃない部分をひどく怖れ、嫌い、否定するようになります。

その子は成長してゆくときも、「大人が正しいと言う規範をそのまま自分の規範として受け入れないと愛してもらえない」という、親とのあいだで感じた思いを、学校の先生など他の大人に対して移し替えます。そのため、先生にとても従順な、いわゆる「いい子」になります。

そのようにして育った人ほど、大人から取り入れた道徳的規範に強く執着するようになります。そして、その規範に外れた人に対して怒りや軽蔑心を感じるようになります。しかしその怒りや軽蔑心の底には、大人の規範に従わない限り愛されなかったことの寂しさと怒りが潜んでいるのです。

そういう人はまた、自分自身に対しても批判的で、自分のことをありのままで愛することができません。「ありのままの自分を愛し受け入れたりするとダメになる」と信じています。それは親から、「ありのままのあなたは悪い子だ。わたしたち親の規範通りに考え、感じ、行動しない限り、愛さない」というメッセージを受け取ったからです。

なかには、親の規範通りにしなければ受け入れてもらえなかったつらさを感じないようにしようとして「オレ・わたしは『正しい規範』に従っている正しい人間であり、そんな自分自身のことを受け入れているし、自分のことが好きだ」と思っている人もいます。

でもそういう人は、「自分は『正しい規範』に従っているから良い人間だ」と信じているに過ぎません。本来のそのままの自分自身のことを愛したり受け入れたりは、あまりしていません。

傷ついた子どもの部分は、相手の意図を悪く解釈してしまう

相手の意図を悪くゆがめて受け取り、周囲の人が「どうしてそう悪く取るんだろう」とか、「なぜそんなつまらないことでそんなに怒ったり傷ついたりするんだ」と感じる人っていますよね。そんな人って、一緒にいると気を使いますから疲れます。

そんなふうに、他人の意図を悪く解釈してしまうのも、傷ついた子どもの部分のなせるわざです。だって、「自分のことを世界でいちばん無条件に愛し受け入れてくれるはずの親でさえ、自分のことを十分に愛してはくれなかった」と感じると、「だから他の人がわたしを愛するはずがない」と信じずにはおれないからです。そのため、「他人だって（わたしの親のように）、わたしを悪く思っている」と信じています。

たとえば、「親はぼくのことを、能力の低いダメな子だと思っている」と感じ

ると、それに反発して「そんなことはない！　ぼくはよくデキる子だ！」と信じようとし、その反発心を原動力として勉強や仕事などにがんばる人もたくさんいます。

でも、たとえそうして成績や仕事で高い成果を達成しても、「自分は本当はダメな人間じゃないか」という、子どものころの恐怖はこころにそのまま残っています。そのため、他人の悪意ない言動でも「オレのことをダメな人間だと思ってるんだ！」と解釈してしまいます。本当は、「オレはダメな人間だ」と思っているのは自分なのに、それに気づいていないのです。

不幸でいることを選んでしまう

こころにいる傷ついた子どもの部分はまた、自分を傷つけた人（親など）に対して、

「わたしはこんなに傷ついているんだ！　それを分かれ！　謝れ！　つぐなえ！」

とこころの深くで叫んでいることもあります。そしてその傷ついた子どもの部

分は、もしも傷つけた人を許して自分が幸せになってしまうと、「わたしがその人のせいでどれほど傷つけられたか、ダメージを受けたかを、いつか分かってもらえる」という希望を捨てなければならないと感じます。たとえば、「わたしが不幸なままでいると、いつかお父ちゃん（お母ちゃん）は、どれほどわたしを傷つけたかを分かって、『許してくれ、お前が正しかった。悪いのはわたしたちのほうだ』と認めてついに愛してくれるだろう、と信じてきたのに、もし幸せになってしまえば、その望みを永久に捨てなければならなくなる」と思うのです。そんなこと、絶対にしたくありません。

だから、「人を許す」という言葉や考えに拒否反応を示します。「許すなんて絶対にできるもんか！」と思います。

ここまで見てきたように、わたしたちのこころの中にある、子どものころからの傷ついた部分は、わたしたちを不幸せにするようなものの見方や考え方をし、不幸せにするような言葉を言い、不幸せにするような行動をしてしまうのです。

癒えていない喪失の悲しみが、ラクな人になれない原因のことも

子どものころに感じた「無条件に愛されてはいない」という感覚の他にも、ときに、一緒にいて疲れる人になってしまう原因となるこころの痛みがあります。

それは、「大切な人を失った悲しみ」が、まだ癒されていないことです。好きだった人が死んだり、恋人と別れたり、そんな悲しみが癒されることなくあなたのこころの奥でフツフツし続けていると、人は、そんなあなたと一緒にいてラクになれないんです。

その場合には、喪失の悲しみを癒すことがとっても大切です。そこで、喪失の悲しみを癒すための四つの方法をお伝えします。

●喪失の悲しみを癒す方法1　人に話す

失った人にまつわる気持ちや思い出などを話すのは、悲しみを乗り越えるためにとても役立ちます。

そのとき大切なことは、あなたの話をよく聴いてくれて分かってくれる人に話

すことです。逆に、「そんな暗い話なんかするな！　グジグジしてないで、ぱっと飲みにいこう！」などと言ってちゃんと聴いてくれない人に話すのは、あまり役に立たないでしょう。話をよく聴いてくれる人に話しましょう。

また、無理に話してはいけません。あなたのペースで話しましょう。あなたのペースを尊重し、無理に話させようとはせずに聴いてくれる人に話しましょう。

●喪失の悲しみを癒す方法2　儀式をする

喪失の悲しみを癒すために、儀式がとても役に立ちます。たとえば葬式は、残された人たちが悲しんで、大切な人を失った悲しみから立ち直るのを助けるために行なわれます。お墓参りも有益です。

他にも、その人からもらった物をこころを込めて処分するとか、思い出の場所に行って思い出に「さよなら」を告げるとか、その人に手紙を書いてそれを燃やしたり水に流したりするのも、それがつらすぎるのでなければ、とても助けになります。

●喪失の悲しみを癒す方法3　泣きたいときには泣く

泣くことは、心の浄化を促すためにわたしたちに与えられた素晴らしい道具です。「泣くのは弱いしるしだ」と思っている人がいますが、それは反対です。悲しみを感じる強さのない人が、泣くことを避けるのです。悲しみを感じて泣くのは、強さのしるしです。

●喪失の悲しみを癒す方法4　カウンセリングとディマティーニ・メソッド®

大切な人を失った悲しみを癒すために、こころの専門家の助けを借りるのはとっても賢明なことです。あなたの悲しみを理解して話を聴いてくれるカウンセラーに話すのはすごく有益です。

また、前項でご紹介したディマティーニ・メソッド®も、とても効果的です。失った人がこころに生きていることがありありと感じられるので、長年の悲しみがたった数時間で解消し、しかも、喪失の体験から成長することができます。

傷ついたのは、あなたのせいではありません

ここまで、わたしたちのこころにいる「傷ついた子どもの部分」について、および「大切な人を失った悲しみ」についてお話ししてきました。でも、あなたが傷ついたのはあなたのせいではありません。あなたには何の非もないのです。

だけどそれを癒すのはあなたです。そして、こころに抱えている痛みは癒すことができます。

そのために、心理カウンセラーがいます。彼らは、臨床心理士、サイコセラピストなどの肩書きを使っていることもあります。心理カウンセリングは、「異常な人」や「病気の人」のものではありません。誰のこころにもある痛みを、癒すためのものです。

こころの痛みを癒すのは自分一人だけではできないし、意思の力ではどうにもなりません。なぜなら、こころの痛みの中心のところは、自分でコントロールできる意識の領域ではなく、自分では気づかない無意識の領域に抑え込まれているからです。無意識領域へと抑え込まなかったら、いつも強い寂しさや怒りを感じ

ていなければならず、苦しすぎるからです。

しかしこころの傷は、そうして抑え込んでいるせいで癒されることがなく、さきほど見てきたように、次のようなさまざまな症状や重荷を作り出し、一緒にいて疲れる人になってしまいます。


「人と会うと緊張してしまうし、人の目が気になる」

「人に優しくなれない」

「すぐに腹が立ったり、人を攻撃したりしてしまう」

「すぐマイナス思考におちいってしまう」

「もっと強くなりたいのに、いざとなると弱い自分が出てしまう」

「人間関係のゴタゴタを繰り返してしまう」などなど。


それらの症状や重荷の本当の原因を解決するために心理カウンセリングがあります。

わたし自身は今まで、自分のこころの癒しと成長のために、さまざまな種類の心理カウンセリング（心理療法・サイコセラピー）やヒーリングを受けてきました。対話するものだったり、からだを使うものだったり、泣き叫んだり怒鳴ったりするものだったり、静かに寝ているだけだったり……実にいろいろなものを経験してきました。

そしてわたしは現在、対人援助のプロとして、対話式の個人カウンセリングとディマティーニ・メソッド®の二つを行なっています。ここでそれらについてお話しします。

対話式の個人カウンセリング

対話式の個人カウンセリングにはさまざまな流派や手法があります。わたしが行なっているものでは、来談者は毎週通って、そのときに話したいと思ったことをなんでも自由に話します。「ここでは何を話しても、いっさいの評価も批判もなく、ただ自分のことを自分の身になって分かってくれ、ありのままの自分を受け入れてくれる」という場所になります。

そんな時間って、日常にはありませんよね。こころの日曜日という感じの時間です。

それをからだの健康法にたとえましょう。からだに良い食事と適度な運動を続ければ、わたしたちの中にある自己治癒力によって悪いところがだんだん癒され、弱いところが強くなり、徐々に健康になっていきます。

こころもそれと同じです。専門の心理カウンセラーに定期的に会い、そのときに話したいと思ったことを何でも話していきます。信頼関係ができてくるほど、話したいことがいくらでも出てくるようになります。

それを話していくことで、あなたは自然に、自分のこころに向き合っていくことになります。そして、自分は本当は何を感じ、何を考えているのか、こころの重荷や苦しみが本当はどこから来ているのか、自分は本当は何をしたいのか、などのことが腑に落ちて分かってきます。それとともに、自分自身のことをより優しく共感的に理解できるようになります。そして深い痛みが徐々に癒され、こころが元気になっていきます。

ディマティーニ・メソッド®

こころの苦しみを解決して成長するためのとても効果的な援助法であるディマティーニ・メソッド®。それは、「現代の哲人」とも呼ばれる米国人のジョン・ディマティーニ博士が開発したものです。

ディマティーニ・メソッド®は、ほぼすべてのこころの苦しみに対して効果があります。たとえば、人といると緊張する、劣等感、家族の問題、人間関係のいさかいや苦しみ、過去のつらい体験、罪悪感、大切な人を失った悲しみ、病気や障害についての苦しみ、仕事にやる気が持てない、自分の人生を生きているという実感も充実感もない、などなど。

ディマティーニ・メソッド®はまた、苦しみを解決することに加え、元気で成功している人がいっそうの成功と幸せをつかみ、本来の力をさらに発揮してゆくことにも高い効果があります。

やり方は、ファシリテーター（カウンセラー）が尋ねる質問に答えていきます。今まで考えたこともない質問です。質問に答える過程で、人や出来事や自分自身について、今まで想像さえしていなかった気づきと実感を得ていくのです。

それによって、たとえば腹が立っていたり怖かったりした人に対して愛と感謝の気持ちでいっぱいになります。こころの負担も苦しみも解消します。すると、その相手があなたに対して今までとはまったく違う態度で接するようになることも珍しくありません。

また、大切な人を失った悲しみについて取り組めば、その失った相手の人があなたのこころにたしかに生きていることが感じられます。さらには、その人が離別によって残してくれた貴重なギフトが自分の中に生きていることも感じられます。そのため喪失の痛みがなくなります。そして、その人と人生の一時期をともに生きられたことと、その人が離別を通して貴重なギフトを残してくれたことに、こころの底から感謝の気持ちが湧き上がります。

しかもディマティーニ・メソッド®なら、一つの問題に対して基本的に一回のセッションで完了します。

これまでわたしのディマティーニ・メソッド®を受けた方々は、次のような感想をお寄せくださっています。

「約三十年間の無力感、無価値感が雲散霧消《うんさんむしょう》しました」

「こんなに短時間で罪悪感が消えた体験は初めてだった」

「すべての意味がつながり、すべてに感謝できる。今の私があるのに何一つ欠くことのできない出来事だったと実感できた」

「自分のことが嫌いで生きづらさを抱えて大人になったわたしが、初めて心から、自分のことを大切にしよう、と思えるように変わりました」

「大きな失意の中からだからこそ大切なことが得られたんだ、と分かりました。本当にありがとうございました。これからの人生を、力強く生きていけると思います」

「心は雲が去り晴天となり生き返ったようで、思考もからだも活発になりました。なんらかの問題を抱えておられる方や人生の重要な局面におられる方に、おすすめです」

インターネットで「ディマティーニ・メソッド®」を検索してファシリテーターの一人に連絡し、癒しと成長への努力を手伝ってもらうとよいでしょう。

ファシリテーターたちは全国で活躍しています。そのうちの誰かの支えを得てご自身のこころに取り組むことを、ぜひおすすめします！

カウンセラーは話しやすく優しい人たちです

悩みの本当の原因は意志力の及ばないところにあります。そのため自分でなんとかしようと努力しても、本当の原因にはたどり着かなかったり、空回りになったりするものです。また、講演を聞きにいったり心理学を学んだりしても、こころの深い問題は解決しません。だから、心理カウンセラーやディマティーニ・メソッド®のプロなど、こころの専門家に相談することに意味があります。

でもそうは言っても、かつての私がそうであったように、カウンセラーに会うのは抵抗があるものです。

「こんな悩みで相談に行くのはヘンじゃない？」

「話しても分かってくれなかったり、『ヘンな人だ』と思われたりしたらどうしよう？」

「何を話せばいいか分からない」
「話すことが浮かばなかったらどうしよう？」

プロのカウンセラーに話しにいくなら、そんな心配は不要です。カウンセラーに会ったときに、話したいことが出てくればなんでも自由に話せばいいのです。悩みごとでも、日常のささいなことでも、なんでもかまわないし、話をする気にならなければ無理に話す必要さえありません。

一緒にいて疲れる人になる大きな原因の一つが、幼いころからのこころの痛みです。わたしが第3章までお伝えした、一緒にいてラクな人になるための方法だけでは不十分だと感じられたら、または、それらの方法で効果が感じられてもさらにもっとラクな人になるために、こころの専門家の助けを得てこころの痛みを癒すことはとても効果的です。

カウンセラーをどう選ぶか？

カウンセラーとは、相性が合う・合わない、ということもないわけではありませんし、カウンセリングにはいくつもの流派があり、どの流派がいいかは一概には言えません。

そこで、良いカウンセラーを選ぶ方法として、良いカウンセリングを受けたことのある知り合いから、カウンセラーを直接紹介してもらうのは一つの方法でしょう。また、ある程度の高い料金を取っても繁盛しているカウンセラーなら、一定の援助能力があるカウンセラーだと思っていいでしょう。「ある程度の高い料金」とは、地域によっても違いがありますが、一回六〇〇〇円から一万円ぐらいが目安になるでしょう。

また、カウンセラーが繁盛しているかどうかを判断する目安の一つに、予約の取りやすさがあるかもしれません。いつでもすぐに予約が取れるカウンセラーよりも、数週間や数か月待ちのカウンセラーのほうが、多くの来談者が来ている可能性が高いでしょう。

ただそうは言いましたが、それらはあくまで目安でしかありません。県や市町村などの無料相談施設や低料金の施設にもいいカウンセラーはいますし、料金の高いカウンセラーであってもあなたに合わない可能性はあります。

また、カウンセリング予約の混み具合についても、週のうち開室時間数の少ないカウンセラーや、長期にわたるカウンセリングをするカウンセラーほど、少ない来談者数でもすぐに予約が埋まります。反対に、毎日長時間開いているカウンセラーや、比較的短期間でカウンセリングを終えるカウンセラーは、多くの来談者が来ていても予約は取りやすいでしょう（なお、カウンセリングを短期間で終えるプロのほうが、長期間のカウンセリングをするプロよりも優れているとは限りません）。

カウンセラーが合うかどうかは何度か会ってみてこそ分かるものです。もっとも良くないのは、どのカウンセラーにすればいいか分からないということを口実に、カウンセリングを避け続けることだと思います。

人生に保証はありません。やってみてこそ道が開ける可能性が出てきます。もし、カウンセラーに会ってしばらくの期間取り組んだけど良い結果が得られそうだと思えなければ、別のカウンセラーに代えればいいことです。

また、来談者の方々について、わたしがカウンセラーとして思うのは、「苦しみの原因を解決するぞ」と腹を決めて本気で取り組む人はいい結果が得られる、ということです。

反対に、「別に問題が解決しなくてもいいかも。そもそも問題ってほどでもないし」と自分をごまかしたり、「ま、試しに一度行ってみよう」ぐらいのあいまいな気持ちで試したり、「カウンセラーが助けてくれる（救ってくれる）」とカウンセラー頼りにしたりするほど、うまくいかない可能性が高くなります。

ですからぜひ、「カウンセラーのサポートを得て問題に取り組み、解決するぞ」と決めて取り組んでほしいと思います。人生がずっと良くなります。

おわりに――もっとも大切なこと

もっとも大切な三つのこと

本書のおわりに、幸せな人間関係のためにもっとも大切なことを三つお伝えします。それは、人にまごころで接すること、自分に優しくすること、こころの傷を癒すことです。

人にまごころで接すること

人にあいさつをするとき、返事をするとき、人に物を渡すとき、誰かにメモを書くときなど、日ごろの行ないを、相手のために、とまごころで行なうこと。これって必ず人に伝わり、人間関係を良くします。

またわたしは毎朝、知っている人たちやわたしの本の読者の方々など、人々の幸せを祈っています。それがわたしの人間関係に好影響を与えていると感じられてなりません。

わたしたちの日ごろの想いと行ないは、とっても大切です。

自分に優しくすること

あなたがあなた自身に優しくする。とっても大切なことです。

生きていると、後悔したり、自己嫌悪におちいったり、自分を責めたり、誰だってそんなことがあるもの。

また、この本でわたしが提案してきたことができないこともあるでしょう。自分から先に人にいいことを与えられなかったり、会話の中で相手の名前を言ったりほめ言葉を伝えたりしたいのに勇気が出なくてできなかったり、など。

そんなことは、あなた自身に優しくすることの大切さに比べたら、ぜんぜん何でもありません。自分を責めるより、「またやっちゃった」と笑いましょう。自分を責めたとき、「また自分を責めちゃった」と笑いましょう。あなた自身に、優しく微笑みかけてみましょう。

こころの傷を癒すこと

自分で嫌いだと思うところ、欠点だと思うところほど、愛を必要としています。

そのところをあなたが責めたり嫌ったりしたら、救われません。

あなたの弱さ、意地悪さ、嫉妬、独占欲、優柔不断さ、怠惰さ、悲しみなど。

それらは抑えつけても、責めても、変わりません。

そのままを愛することで変わります。

だからあなたの中の、あなたが嫌ってきたところ、イヤだと思ってきたところに向けて、

「今までいじめてごめんね」

「今まで嫌ってごめんね」

「大好きだよ」

と声をかけてあげましょう。

そんな気持ちにどうしてもなれなかったら、

「そんな気持ちにはなれないよね」

と優しく微笑みませんか。

それが、好きな自分になるいちばんの近道です。

そして、専門のプロの助けを得てこころの傷つきを癒すのはとっても賢いことです。あなたがあなた自身のことを無条件に好きになり大切にするほど、周囲の人たちはあなたといてラクになります。

この本であなたにお伝えしたことをたくさん実行してくださいね。人間関係がずっとラクで楽しいものになり、あなたの人生に幸せも喜びも増えます。

応援しています。

古宮 昇

参考文献

●『神との対話』ニール・ドナルド・ウォルシュ著、吉田利子訳、サンマーク文庫、二〇〇二年
●『人を動かす　新装版』デール・カーネギー著、山口博訳、創元社、一九九九年
●『ヒトラーを支持したドイツ国民』ロバート・ジェラテリー著、根岸隆夫訳、みすず書房、二〇〇八年
●『ヒトラー演説　熱狂の真実』高田博行著、中公新書、二〇一四年
●『感情の整理ができる女は、うまくいく』有川真由美著、PHP研究所、二〇一一年
●『一緒にいて楽しい人・疲れる人』本郷陽二著、PHP研究所、二〇一二年
●『愛の宇宙方程式』保江邦夫著、風雲舎、二〇一二年
●『人を見たら神様と思え―「キリスト活人術」の教え』保江邦夫著、風雲舎、二〇一三年

●P144　カリフォルニア大学バークレー校の心理学者チームが行った笑顔に関する研究について
Harker, L. and Keltner, D. (2001). "Expressions of positive emotion in women's college yearbook pictures and their relationship to personality and life outcomes across adulthood." Journal of Personality and Social Psychology, 80, 112-124.

●P151　Mehrabian, メラビアンの研究について
Mehrabian, A. (1971). "Silent messages." Oxford:Wadsworth.

●P170　八週間の瞑想練習をした人たちのマイナスの感情の変化を調べた脳科学の研究について
Davidson, R. J., Kabat-Zinn, J., Schumacher, J., Rosenkranz, M., Muller, D., Santorelli, S. F., Urbanowski, F., Harrington, A., Bonus, K., and Sheridan, J. F. (2003). "Alterations in brain and

immune function produced by mindfulness meditation." Psychosomatic Medicine, 65, 564-570.

P-70　瞑想を実践した場合としなかった場合の夫婦関係の満足感を比較した研究について

● Carson, J. W., Carson, K. M., Gil, K. M., and Baucom, D. H. (2004). "Mindfulness-based relationship enhancement." Behavior Therapy, 35, 471-494.

P-70　瞑想の実践が不安神経症やうつ症状に与える影響について調べた研究について

● Miller, J. J., Fletcher, K., and Kabat-Zinn, J. (1995). "Three-year follow-up and clinical implications of a mindfulness meditation-based stress reduction intervention in the treatment of anxiety disorders." General Hospital Psychiatry, 17, 192-200.

● Teasdale, J. D., Segal, Z. V., Williams, J. M. G., Ridgeway, V. A., Soulsby, J. M., and Lau, M. A. (2000). "Prevention of relapse/recurrence in major depression by mindfulness-based cognitive therapy." Journal of Consulting and Clinical Psychology, 68, 615-623.

P-71　瞑想の実践が、ガン患者の不安・うつ気分・ストレス、インフルエンザに対する抵抗力に与える影響を調べた研究について

● Brown, K. W., and Ryan, R. M. (2003). "The benefits of being present: Mindfulness and its role in psychological well-being." Journal of Personality and Social Psychology, 84, 822-848.

● Carlson, L. E., Speca, M., Patel, K. D., and Goodey, E. (2004). "Mindfulness-based stress reduction in relation to quality of life, mood, symptoms of stress and levels of cortisol, dehydroepiandrosterone sulfate (DHEAS) and melatonin in breast and prostate cancer outpatients." Psychoneuroendocrinology, 29, 448-474.

● Davidson, R. J., Kabat-Zinn, J., Schumacher, J., Rosenkranz, M., Muller, D., Santorelli, S. F., Urbanowski, F., Harrington, A., Bonus, K., and Sheridan, J. F. (2003). "Alterations in brain and immune function produced by mindfulness meditation." Psychosomatic Medicine, 65, 564-570.

③ 対談「苦しい経験にこそ、大切なギフトがある」（約25分）

◆ベストセラー作家・望月俊孝氏と、著者・古宮昇の対談。

◆著者と望月俊孝氏が、それぞれ人生のどんな苦しみを乗り越えたか、その経験をどう活かしてきたか、を語ります。

◆苦しみの経験を活かして幸せと成功を手に入れるためのヒント、そして、あなたへのエールをお届けします。

④「誰もが陥る人間関係を壊す行動と、育てる行動」（約14分）

◆誰もが気づかぬうちにやってしまい、手痛いしっぺ返しを食らっている、「人間関係を壊す４つの行動」があります。それは何か？

◆なぜ、「人間関係を壊す４つの行動」をしてしまうのか？

◆「人間関係を壊す４つの行動」に代わる、「好意・信頼・調和いっぱいの人間関係を育てる5つの行動」とは？

◆この動画の知識は、夫婦、恋人、親子、友だち、仕事のつきあいなどすべての人間関係に活かせます。

⑤「傾聴のちから」（約15分）

◆相手の話によく耳を傾けて聴く「傾聴」のエッセンスを、傾聴のエキスパートである著者があなたに伝授。

◆自分自身の小学生のときのつらい体験と、プロの心理カウンセラーとしての体験から、傾聴が人間関係においてなぜ重要なのかを伝えます。

購入者プレゼントの視聴方法

①古宮昇公式ホームページにアクセスしてください。
http://noborukomiya.seesaa.net/

②同ホームページ内にある『一緒にいてラクな人、疲れる人』読者プレゼントをクリックしてください。

③入力ページが開くので、そこにあなたのメールアドレスを入力し、「プレゼントを受け取る」ボタンをクリックします。
すると、プレゼント（動画）を視聴できるサイトのURLの載ったメールが届きます。

読者への無料プレゼントについてのご案内

ご購入くださったあなたへの、感謝の5大プレゼント！

著者があなたに語りかける５本の講義動画を、
無料で視聴できます。

1 「夫婦・恋人関係に効く！愛が伝わる伝え方」（約16分）

- ◆幸せな人生に、良い人間関係は欠かせません。特に夫婦・恋愛関係は重要です。
- ◆ところがほとんどのカップルが、「あること」を知らないがために、こころのすれ違いに苦しんでいます。その「あること」とは何か？
- ◆パートナーに尋ねると、こころのすれ違いの予防と修復に効果バッチリの「魔法の質問」とは？
- ◆「仲良しのカップルと不仲なカップルの違い」を調べた心理学研究が発見した事実とは？
- ◆その発見を活かして、2人の仲をグッと深める方法とは？

2 「初対面の人とスムーズに話せる会話術」（約29分）

- ◆初対面の人や、あまりよく知らない人との会話って、ちょっと戸惑ったり緊張したりしませんか？　何を話せばいいか困りませんか？
- ◆上の質問にどちらか1つでもイエスだったら、この動画はあなたのための動画です。
- ◆それほど親しくない人とでも気まずくならず、楽しい会話をして仲良くなるコツを教える、セミナー動画です。以下のことをお伝えします。
- ◆よく知らない相手とでも打ち解けて話せる話題の見つけ方。
- ◆これをするだけで相手がずっと話しやすくなる、応答のコツ。
- ◆会話の緊張をグッと減らす方法。
- ◆たったこれだけでやりとりがスムーズになる、とっておきの応答法。
- ◆その他、会話に役立つコツをたくさんお伝えします！

謝辞

わたしのミッションである「たくさんの人々が幸せで充実した人生を送る助けをする」ことの一環として、本書を書かせていただくことができました。本書には、「この本を手にする人が、深く癒され、幸せと調和の人生を生きられますように」との願いが込められています。

本書が生まれたのは、PHP研究所の中村康教さんと、素敵な物語をたくさん書いておられる作家の瀧森古都《たきもりこと》さんのおかげです。

わたしの成長を多くのみなさまが助けてくださっています。わたしのカウンセリングを受けてくださった来談者のみなさま。わたしの授業、講演、セミナーに来てくださったみなさま。わたしのカウンセリングをしてくださったセラピストのみなさま。大阪経済大学で一緒に仕事をさせていただいている先生がた。若月佑輝郎《ゆきろう》先生。ドクター・ジョン・ディマティーニとファシリテーターのみなさま。舩岡三郎先生。父と母。あまさ。尾崎千恵子、良介、友哉。そして本書を読んでくださるみなさま。

深く感謝いたします。

著者紹介

古宮 昇（こみや　のぼる）

「共感の心理学」博士

日本と米国で通算20年にわたり、
のべ5000名以上のカウンセリングをしてきた
心理学博士。臨床心理士。ディマティーニ・メソッド®ファシリテーター。

米国メリーランド州立フロストバーグ大学修士課程修了（主席卒業）。

州立ミズーリ大学コロンビア校心理学部より博士号（Ph.D. in Psychology）を取得。ノースダコタ州立こども家庭センター常勤心理士、パイングローブ精神科病棟インターン心理士ののち、州立ミズーリ大学コロンビア校心理学部で教鞭を執る。

現在、大阪経済大学人間科学部教授（臨床心理士養成第一種指定大学院）。

ニュージーランド国立オークランド工科大学心理療法学部客員教授。

神戸の開業オフィスで心理療法を行なっている。

著書に『ぶり返す！「怒り」「さびしさ」「悲しみ」は捨てられる！』（すばる舎）、『こころの症状はどう生まれるのか―共感と効果的な心理療法のポイント』（岩崎学術出版社）、『傾聴術―ひとりで磨ける“聴く”技術』（誠信書房）、『やさしいカウンセリング講義―もっと自分らしくなれる、純粋な癒しの関係を育むために』（創元社）などがある。


〈メルマガ〉

『共感の心理学メルマガ』にご登録ください。
人間関係や心の学びに役立つメッセージを
お届けしています。
古宮昇 HP で検索するか、こちらの QR コードから→

〈連絡先〉

〒533-8533　大阪市東淀川区大隅 2-2-8　大阪経済大学　古宮昇
FAX：06-4809-0558（大阪経済大学 心理臨床センター）
講演・研修のご依頼は、古宮昇ホームページからメールでお寄せください。

本書は、2015年３月にPHP研究所から刊行されたものである。

編集協力：瀧森古都
本文イラスト：石村紗貴子

PHP文庫　一緒にいてラクな人、疲れる人
人と会うのが楽しみになる心理学

2018年8月8日　第1版第1刷

著者　古宮　昇
発行者　後藤淳一
発行所　株式会社PHP研究所
東京本部　〒135-8137　江東区豊洲5-6-52
第二制作部文庫課　☎03-3520-9617（編集）
普及部　☎03-3520-9630（販売）
京都本部　〒601-8411　京都市南区西九条北ノ内町11

PHP INTERFACE　https://www.php.co.jp/

組版　株式会社PHPエディターズ・グループ
印刷所
製本所　図書印刷株式会社

ISBN978-4-569-76836-6

PHP文庫好評既刊

「なぜか人に好かれる人」の共通点

斎藤茂太 著

なぜあの人は誰からも好感をもたれるのだろうか。そんな人たちに共通する人間的な魅力や立ち居振舞い等を考察した心温まるメッセージ。

定価 本体五三三円（税別）